# 日経新聞マジ読み投資術

渡部清二

SOGO HOREI PUBLISHING CO., LTD

# はじめに

## 情報の本質がわかる「マジ読み」

毎朝4時に起きて、日経新聞を読み込み、6時40分からその日の日経新聞から得られたポイントを話し合う「読み合わせ会議」に臨む。

これは、かつて私が所属していた大手証券会社の機関投資家営業部時代に習慣としていた「日経新聞・読み合わせ会議」のタイムスケジュールである。

参加する社員は、進行役である私からランダムに指名され、容赦ない質問を浴びせられる。張り詰めた緊張感の中、即座に記事の要点をまとめ、自らの考えやその反対意見、起きている出来事の背景を説明し、関連する企業を的確に選び出すのだ。

この読み合わせ会議は、機関投資家という投資のプロ中のプロを相手にする業務の中でも、大いに力を発揮した。

「日経新聞は当たらない」

投資経験者の中には、このような言葉を聞いたことがある人もいるだろう。

詳しくは本文に譲るが、日経新聞は「当たる・当たらない」を基準にして読むものではない。**あくまでも「情報を活用する」という姿勢が大事**なのだ。これは日経新聞を投資に活かす場合にも、日々のビジネスに活かす場合にも変わらない原則だ。

次ページの図を見ていただきたい。

## ある物体を別の角度から見たシルエット

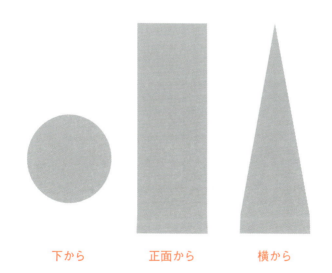

下から　　正面から　　横から

これはある物体を3つの異なる角度から見たシルエットだ。あなたもこの物体を毎日のように見ているはずだ。女性であれば、毎日持ち歩いている人も多いだろう。

下から見れば丸く、正面から見ると長方形をしている。そして、横から見ると横長の長方形の上に三角形が乗っているように見える。

これは、「**チューブ**」のシルエットだ。歯磨き粉や洗顔フォーム、おろしたニンニクやショウガなどの食品にも使われている容器だ。

このように普段見慣れているものでも、視点が変わればまったく別の見え方がする。この物体の〝本質〟は、丸でも四角でもなく、立体的なチューブなのだ。

日ごろ読んでいる日経新聞でも同じことがいえる。ただ読み流しているだけでは、同じ情報でも、人によって丸にも四角にも見えてしまう。ところが、読み方さえ押さえていれば、丸でも四角でもなく、情報の本質が見えてくるようになる。

その読み方こそが、本書で紹介する「**マジ読み**」なのである。

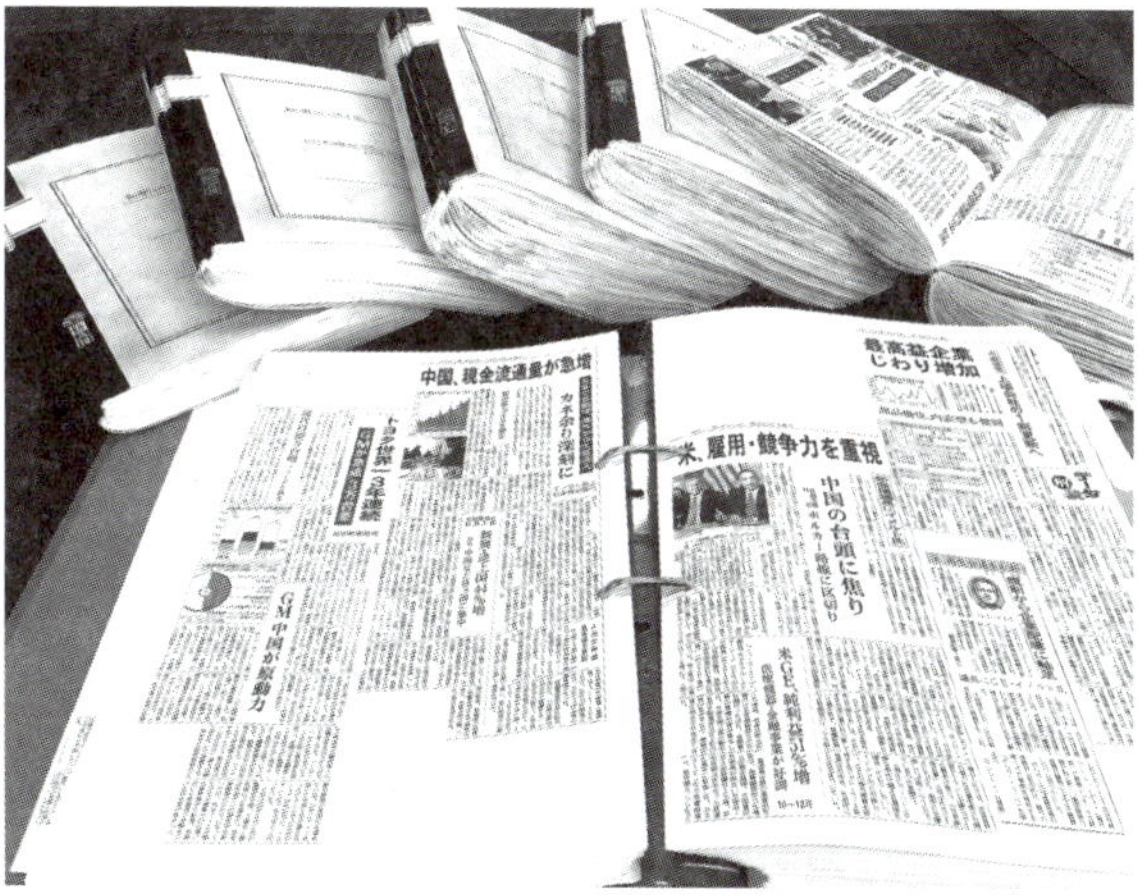


21年続けてきた記事の切り抜きは今では膨大な量に

このマジ読み、そして日経新聞の記事切り抜きを私は21年にわたって続けてきた。本書は、そのマジ読みを体系化・見える化して、誰でも再現可能なテクニックに落とし込んだものである。私が証券会社時代から実践してきた伝説の読み合わせ会議の内容をもとに、株式投資に活かせる日経新聞の読み方を解説する。

## いつもの記事がすごい情報に変わる

私は証券会社に23年在籍した後、「複眼経済塾」という投資アカデミーの代表取締役・塾長を務めている。複眼経済塾では「身近な気づき」から良い企業やテーマを見つけることを大事にしている。そのために日々継続していることが、「四季報読破」「日経新聞の切り抜き」、そして日々の株価指標や出来事を書き留める「指標ノート」である。これら3つを私たちは「**投資の三種の神器**」と呼んでいる。

私は毎号2000ページにも及ぶ『会社四季報（以下、四季報）』の全てのページを20年以上にわたって〝読破〟してきた。『会社四季報の達人が教える10倍株・100倍株の探し方』（東洋経済新報社）という書籍も上梓した。

1ページ目から最終ページまで、長編小説のように『四季報』を読破することで、個別企業や日本経済の幅広い知識が身につき、機関投資家というプロ相手に渡りあうことができた。

私が証券会社時代から「四季報読破」と同じくらい重要視してきた日課がある。

それが「日経新聞のマジ読み」なのだ。

日経新聞は誰でもいつでも手に入れることができる。**本書では日々の投資のテーマとなる「気づき」を得られる読み方を徹底的に解説した**。投資のテーマは、ちょっとした「気づき」から見つかるのだ。

本書は全5章から構成されている。

第1章では私が日経新聞を「マジ読み」するようになった経緯と、解説を読む前に知っておいていただきたい原則を記した。

第2~5章では実際の記事を参照しながら、マジ読みのポイントを解説している。

なお、本文中では読者のみなさんに特に見ていただきたい参照記事は、実際の紙面を転載しているほか、全ての記事に「記事ＰＯＩＮＴ」という要約をつけることで、より理解が深まるようにしている。

渡部清二

1人でも多くの読者が、日経新聞を活用して現在と将来を読み通せれば、著者としてこの上ない喜びである。

## 第2章 日経新聞マジ読み術①
## キーワード（言葉）に注目する
## →大きな変化・転換点に気づく

## 第3章

# 日経新聞マジ読み術②
# データ（数字）に注目する
# →マーケット規模を知る

## 第4章 日経新聞マジ読み術③
## トレンド（方向性）に注目する
## →景気の方向性を見る

## 第5章 エクイティストーリー構築能力を伸ばす ～妄想ストーリーの作り方

※本書は株式投資をする際に参考となる情報提供を目的としています。著者の経験、調査、分析に基づき執筆したものですが、利益を保証するものではありません。投資に関する最終決定は必ずご自身の判断で行ってください。

編集協力　伊達直太
装丁　二ノ宮匡(nixinc)
本文デザイン　和全(Studio Wazen)
DPT・図表　横内俊彦
校正　池田研一

# 第1章

# 日経新聞はアイデアの宝庫

# 世界有数の経済紙・日経新聞

本書を手に取るような情報感度の高い読者には、あらためて説明するのも憚られるが、まずは日経新聞の特色を説明しておこう。

『日本経済新聞（通称・日経新聞）』は、日本経済新聞社が発刊する新聞である。発行部数は２０１８年７月時点で約３００万部（日本経済新聞電子版有料会員数を含む）を誇り、経済紙としては世界有数の読者を抱えている。前身である『中外物価新報』は１８７６年（明治９年）に誕生している。これはグラハム・ベルが電話機、トーマス・エジソンが謄写版の特許をそれぞれ獲得した年である。日経新聞がこの国の経済情報を脈々と伝えてきた歴史を感じるだろう。

日本経済新聞社の日経メディアデータによると、日経新聞の購読者は、ホワイトカラー、経営・管理職の割合が多く、ビジネスの中核層である40代が多い。また、世帯年収１００

0万円以上が3割強、金融資産1500万円以上が半数を占めている。こうしたことからも読者の株式、投資信託など運用商品についての関心が高いことがうかがえる。

私自身、今では日経新聞を投資に活かすためのワークショップを主催し、こうして本まで書いているが、もともとは積極的に読み始めたわけではなかった。

## お客さんに損ばかりさせていた新人証券マン時代

多くの投資家、ビジネスマンは「日経ぐらい読んでいるよ」と言う。たしかに、彼らの多くは読んでいるのであろう。ただ、ここに落とし穴がある。**日経新聞の読者には、「読んだつもり」でいる人が多い**のだ。

この問題を考える前に、私が日経新聞のマジ読みを始めるまでの歴史を話しておこう。

新卒で証券会社に入社した20数年前。当時の私は多くの新社会人と同じように日経新聞など読んだことがなかった。

入社後の研修で、日経新聞を読み、仕事に使えそうな記事を切り抜きすることを一番の基本動作として教わった。ところが、研修が終わった後、約５５０人いた同期の中で、継続して日経新聞を読み、切り抜きしていた者はいなかった。当然、私もその１人だった。

私は証券会社に在籍していた23年のうち、12年は機関投資家営業に携わっていた。機関投資家営業部での業務内容を簡単に説明すると、運用のプロである機関投資家を相手に、日本株を売り込む仕事だ。

今だから話せるが、私は入社当初、お客さんに損をさせ続けていた。お客さんに買ってもらう株がことごとく値下がりをするのだ。

私は自身を「もっとも相場観がない世代」と自虐することがある。なぜなら私が大手証券会社に内定したときに、日経平均が史上最高値（３万８９１５円）をつけたからである。現代風に解釈すると、ビットコインを２００万円でつかんでしまったようなものだ。私がお客さんに損をさせ続けていたのには、こうした相場観の悪さも影響していたのかもしれない。

ところが、お客さんが得をしようが、損をしようが、売買の手数料が発生するため、証券会社には儲けが出る。当然、投資は自己責任でもある。損をしてしまったとしても、お客さんの決断ゆえであると割り切ることもできる。しかし、私はここに疑問を感じてしまった。

特に、若手時代に3年半勤めた長崎支店では、長崎という狭い土地柄、「大事なお客さんの資産をなくしてしまう」という感覚を持ってしまい、大いに悩んだ。そんな悩みを抱えながら、体育会系の社風の中で奔走していた。

やがて、東京の本店に異動となり、当時の先輩であった竜沢さんから、その後の証券マン人生を変えるきっかけになる「四季報読破」を勧められる。その際に、日経新聞を読み、切り抜きをすることも勧められたのである。

同時に竜沢さんは、自身の切り抜きノートを見せてくれた。そのときに見た記事は、1987年にニューヨーク証券取引所を発端に起きた「ブラックマンデー」当日の記事だった。歴史的な出来事をタイムリーに記録している先輩を目の当たりにして、私は「日経を読まなくてはダメだ」と奮起した。

つまり、私の日経新聞マジ読みには当初、哲学のようなものはなく、ただ受け身で始めたことだったのだ。

## 証券会社の先輩から授かった「三種の神器」

私が主宰する複眼経済塾という投資アカデミーでは「身近な気づき」から良い企業やテーマを見つけることを大事にしている。そのために日々継続していることは、「四季報読破」「日経新聞の切り抜き」、そして日々の株価指標や出来事を書き留める「指標ノート」であり、これら3つを私たちは「**投資の三種の神器**」と呼んでいる。

この三種の神器は、証券会社時代に竜沢さんから授けられたものだ。

「四季報読破」は拙著『会社四季報の達人が教える10倍株・100倍株の探し方』に、

「指標ノート」は別の機会に譲るが、これら3つに共通しているのが、「**誰でも手にすることができ、かついつでも始められることから再現性が高い**」という点である。特に日経新聞は毎日いろいろなヒントを提供してくれる。

これらは**今ある情報を参考に、モノの本質に迫ることが主たる目的**なのである。当たる・当たらないの検証は意味がない。これは『四季報』も日経新聞も変わらない原則だ。そのためには記事を正しく理解して、その上で自分の考えをまとめなくてはいけない。このような動作の繰り返しが独自の視点を持つことにつながる。

## 毎朝の「読み合わせ会議」で磨かれた「マジ読み」

こうして20数年にわたって活用し続けることになる三種の神器を授かった私は、毎朝4時に起きて、日経新聞を読むことになった。これは、何も自主的に始めたわけではない。

私が所属していた部署での日課であった、「日経新聞・読み合わせ会議」を主宰するためだったのだ。

「日経新聞・読み合わせ会議」は、始業時間の数時間前である朝6時40分から毎日行われていた。私を含めた参加メンバーは、毎朝4時に起き、日経新聞の読み込みを開始。情報を頭に叩き込んだうえで、自分の考えを整理していた。

一面のトップニュースはもちろん、経済教室やスポーツ面、「私の履歴書」まで、読み合わせ会議は全ての記事を対象としている。

読み合わせ会議は、進行役の私がランダムにメンバーを指名して進行する。指された部員には、進行役から記事に関する容赦ない突っ込んだ質問が飛び交う。例えば、次のような形式だ。

**進行役**「おはようございます。7月6日日経一面トップ。なにが書いてあるか、ポイントを言ってください」

**参加メンバー**「今日のトップは、『本日、米中の制裁関税発動期限』です。これが発動されますと、アメリカからは自動車や半導体など、818品目340億ドル、3兆8000億円の追加関税が発動されます。中国の方は、大豆、牛肉、自動車などに、同額をかける期限になっています」

**進行役**「今後どうなると思いますか？」

**参加メンバー**「記事にもありますが、マーケットにもかなり影響が出ていまして、上海株は1月の直近高値から2割超下落。日経平均株価も下落と、世界的に影響が出ると懸念されています」

**進行役**「いろいろな識者がさまざまなことを言っていますが、ポイントはありますか？」

**参加メンバー**「三面に3人の識者のコメントがあります。1つは中国が譲歩と対立の間合いを探ってくるだろうと。それから世界経済が混乱するだろうと。それからアメリカは11

月に中間選挙を控えているので、トランプ氏が取り下げて何かするかもしれないという意見が出ています」

**進行役**「個人的にはこの3つのうち、どれになると思いますか」

**参加メンバー**「軟化はないんじゃないかと考えています。おそらく、しばらくは対立と譲歩をにらみながらという状況が続くと思います」

このように**適切に回答するためには、何よりも記事を正しく理解することが欠かせない**。ポイントと記事の背景を文中から探し、要点を短い言葉でまとめることだ。

私はこの説明をするときにいつも使う例がある。

牛丼チェーンの吉野家のキャッチフレーズである。「うまい、やすい、はやい」という短い言葉で吉野家の特徴を的確に言い表している。この要領で、記事に書かれている背景を短い言葉で要約すると、書かれていることが理解しやすい。

こうした訓練を継続すると、物事を関連付けて考える能力が身につく。この能力を「**エクイティストーリー構築能力**」という。これは株式投資における銘柄ピックアップ能力とも通じる力である。このエクイティストーリー構築能力については、第5章で解説をする。

## 「俺は日経読んでいるから」という思い込み

「社会人になったら日経ぐらい読まないと」と言われ、日経新聞を読み始める人は多いだろう。その一方で、日経新聞ほど読者に強い思い込みを抱かせる新聞もないのではないかと思う。その思い込みとは、次の2点だ。

**❶「日経新聞を読んでいる」という自負はあるものの、その実、目を通しているだけで内容が頭に入っていない**

**❷「日経新聞は当たらない」と当たる・当たらないを基準に読む**

まず、①「読んでいるという自負」についてだが、「俺は日経を30分で読んでいるから」といった言葉をよく耳にする。こうした人の大半は、本当に読んでいるとは言えないだろう。実際には目を通しているだけで、インプットした情報を活用できておらず、読んでいると思い込んでいるだけなのだ。

## 情報は活用しなければ意味がない

こうした思い込みだけならまだしも、より解せないのは②の「日経新聞を当たる・当たらないを基準に読むこと」である。

投資に精通している人の中には、「日経新聞は当たらない」と理屈をつけ、日経新聞を読まないでいる人も多い。ところが、ここに大きな落とし穴がある。

**日経新聞は当たる・当たらないという観点で読むものではない**のだ。

重要なのは、**日経新聞で得た情報を〝有効活用する〟という姿勢**なのである。

これは私が20年以上読破し続けている『四季報』でも同じことである。

「日経新聞が当たる」と思うということは、日経新聞の記事を無条件に信じるということである。

ところが、当然ながら日経新聞には、「記事が報じている情報を信じろ」とはどこにも書かれていない。新聞とはそもそも信じる・信じないという視点で読むものではないのだ（後に説明するが、むしろ新聞社の論調に流されないためには、妄信しないことも重要である）。

繰り返しになるが〝いかに活用するか〟という視点が重要なのである。

また、日経新聞やほかの新聞を読んでいて、「この記事で書かれていることは事実じゃない」と意見する人もいる。こうした人も、本質を理解していないと感じてしまう。

たしかに、ある人が事実ではないと感じた記事は、誤報の可能性もある。

しかし、実際には記事が正しいか正しくないかを調べるのは、時間も労力も必要な大変な行為だ。調べようがないし、調べる必要もないのである。

それでは、情報を活用するためには、どのような読み方をすればいいのだろうか。マジ読みの根幹ともいえる、読み方の基本姿勢を説明しよう。

## 日経新聞は〝3つの視点〟を持って読み込む

日経新聞は当たる・当たらないを基準にして読むものではない。情報をいかに活用するかを重視すべきだ。ここまでの話をまとめると、このようになる。

それでは、情報を活用するために日経新聞を読むには、どのような心構えが必要なのだろうか。

これには3つの視点がある。

**❶新聞に「何が書いてあるか」を理解する**

**❷自分の考えをまとめる**

## ❸反対側の見方を考える

1つずつ考えてみよう。

まず1つ目、新聞に「何が書いてあるか」を理解する。

これは3つの視点の中でもっともシンプルなものだ。記事に書かれていることをそのまま理解するだけでいい。

このときに「これは事実ではない」「これは当たらない」という判断は必要ない。文中から**記事の背景やマーケット規模がわかる数字を読み取り、記事の内容を理解する**のだ。

2つ目は、自分の考えだ。

記事を読み、内容を理解した上で「私はこう思います」という意見をはっきりとさせる。

これは会社勤めをしている人の立場で考えるとわかりやすい。

例えば、私がかつて在籍していた証券会社では、「トヨタについて、どう思う？」といったように顧客から特定の企業について意見を聞かれることが多かった。質問自体はシンプルだが、実はこのときには、2つの視点からの意見を求められている。

1つは、証券会社のハウスオピニオンとしての意見。そしてもう1つが、個人としての意見だ。この両方を伝える必要がある。

これは日経新聞の読み方にも通じる。まず「日経新聞にはこう書いてあります」と記事の内容を理解した上で、「でも私はこう思います」と自分の意見を上乗せする。**これが付加価値になる**のだ。

さらに、簡単なことではないが、その上で「でもこういう見方もできる」といったように、反対側の視点からの意見も合わせることができると良いだろう。このように3つの視点から読むのが理想的な日経新聞の読み方である。

## 反対側の視点がなぜ重要なのか

同じニュースを見ていても、視点によって捉え方はまったく違うものになる。これは

「はじめに」でチューブのシルエットを使って説明したとおり、投資の世界でも重要な事実である。

私がかつて在籍していた証券会社の機関投資家営業部の仕事を一言で説明するなら、「日本株を世界の投資家に売りまくる仕事」となる。

理解しやすい言葉で表現するなら、「売りまくる」のだが、実際は売りまくる（投資家が買いまくる）だけでは仕事にはならない。「売り買いをしていた」が正しい表現になる。機関投資家といっても、無尽蔵に株を買い続けることはできない。買うためには、別の株を売らなければならない。

また、株式市場というのは視点がまったく違う売る者と買う者がぶつかりあって、値段がつく。これが原理原則だ。どちらかが欠けても値段はつかない。私が日本株を売っていた機関投資家も、株を買ってほしいときと、売ってほしいときがあった。つまり、**投資家たちはある銘柄に対して、まったく違う視点で見ている**のだ。

そのため、同じ日経新聞の一面トップニュースを見たとしても、ある人は「これは売りだな」と思い、ある人は「買いだ」と判断する。これは全てのニュース、全ての銘柄に共通する。こうした理由から、日経新聞を読むときにも、反対側の視点が重要なのだ。

## 情報は量を追ってはいけない

実は、証券会社時代にやっていた「日経新聞・読み合わせ会議」は、先に紹介した会議の進行方法に落ち着くまでに、何度か形を変えている。

読み合わせ会議は、私に「四季報読破」を勧めた竜沢さんが始めたものである。後に私が会の主宰を引き継ぐことになるのだが、竜沢さんが主宰をしていた時代には、日経新聞以外にも朝日新聞や読売新聞といった一般紙、株式新聞や証券市場新聞などの業界紙、そして日刊工業新聞や日経流通新聞（現・日経ＭＪ）などの専門紙も読み合わせの対象としていた。

メンバーを一般紙、業界紙、専門紙を担当するチームに分け、各自で新聞を読み込み、読み合わせ会議で情報を共有することで、それぞれの得た情報を一本化していたのだ。これが「日経新聞・読み合わせ会議」の原型である。

こうした形は、１人で集めるよりも広範囲に渡る情報が一手に集まるため、知識が乏しい人にとっては有効である。

ところがあるとき、私は「**情報は量を追ってはいけない**」と気づいた。多くの人は、「情報はあればあるだけ良いものだ」という思い込みをしている。私もその１人だった。

しかし、本当に大事なのは、情報の量ではなく、**無数に流れている情報の中から、いかにして本当に活用できる情報を絞りこむかという視点**なのである。

この事実に気づいて以来、私が主宰する読み合わせ会議では業界紙や専門紙は取り扱わずに、誰もが手軽に手に入れることができる情報源である日経新聞のみの読み合わせとなった。

ところで、こうした新聞の読み合わせ会議には、やりがちなNGがある。

それは、新聞の片隅に掲載されている小さいけれども面白い記事を見つける、宝探しのような読み合わせだ。

「知らない人が多いけれども、こんな面白い記事が載っていた」という報告は、一種の達成感も得られ、知識欲も刺激するだろう。そうした宝物を見つける力も重要かもしれない。ただ、それ以上に、**誰もが見ている記事に対して、自分自身の見方という付加価値をつけられることの方が株式投資においては役に立つ**のである。

そのため、日経新聞を読むときには、誰もが見ている記事を見逃してはならない。誰もが見ている記事とは、新聞のトップニュースである一面記事だ。

## 誰もが見ている記事を見逃してはいけない

元全米ナンバーワンのファンドマネジャーであり、「テンバガー（10倍株）」という言葉を世に知らしめたピーター・リンチは、著書『ピーター・リンチの株で勝つ』（ダイヤモンド社）の中で次のように語っている。

「テンバガー（10倍上がる株）を見つけるには、まず自分の家の近くから始めることだ。

裏庭になければ、商店街や、職場である」

リンチ氏は、裏庭や商店街、職場などを例にしながら、「投資のテーマは身近にある」と説明している。リンチ氏の考え方には共感する。これを日経新聞に合わせて考えれば、身近な場所とは一面の記事にほかならない。

新聞の一面といえば、誰もが目にする記事である。ところが、そうした**誰もが毎日見ている記事に出ているテーマにすら、多くの投資家が気づいていないことが多々ある**のだ。

誰もが目の前に見えていることに対して、「これはこう書いてある、でもこう見える」と考えられることが大きな付加価値を生む。そうしたことにも気づかずに、「もう織り込んでしまっている」と考えてしまう人が実に多い。

例えば昨今、電気自動車に関する記事を目にする機会が多いだろう。

そうした話題が先行しているだけに「電気自動車関連は、織り込み済み」と判断してしまう人が多いが、実際はどうだろうか。街中で走っている電気自動車を見ることがあるだろうか。おそらく多くの人が「ない」もしくは「わからない」と答えるのではないだろうか。

つまり、相場すらまだ始まってもいないのだ。

話はやや脱線するが、そもそも電気自動車の相場など、この先にもないかもしれない。近年は電気自動車に関する話題が多いが、電気自動車が今のガソリン車のように街中を走り回る時代は来ないのではないかとすら思う。

「自動車がモーターで動くようになり、家電のように扱われるようになる」

こうした言説がもてはやされている中で、日経新聞の社説と私の意見が合致したことがあった。

かつて日本の家電製品と自動車は、世界を席巻するほどの栄華を極めた。ところが、みなさんもご存じのように、日本の家電メーカーは衰退した。一方、自動車産業は国際的な競争力を残すことになった。家電メーカーが衰退した原因は、デジタル化にある。家電を支えるテクノロジーがデジタル化したことによって、コピーが可能になった。日本の家電をコピーした製品が続々と登場し、値段が崩れて日本勢は負けてしまったのだ。

しかし、自動車は暗黙知やノウハウの集合体である。そう簡単にコピーをすることなどできない。そのため、日本では家電が衰退し、自動車産業が残った。

記事にはこのように書いてあった。

自動車と家電の最大の違いは、人の命を預けるかどうかにある。家電はバグを起こしても人命に関わる事故に至る可能性は低いが、自動車がバグを起こしてしまえば、即座に重大な事故を引き起こしかねない。そのため、どこまで技術が進歩しても、自動車を支えるテクノロジーがデジタル化されることはないと考えられる。

また、別の視点から見ると、電気自動車の製造は環境への負荷が大きいというデメリットもある。自動車自体は化石燃料を使わなくなるかもしれないが、電気自動車は製造に大量の銅が必要になるため、銅山を開発する必要がある。ところが、銅山は足尾鉱毒事件で知られる足尾銅山のように、産業発展の代償として１００年以上人が住めない地になりかねない。そうした開発を世界規模で行っても良いものだろうか。こうした環境問題に関する記事も日経新聞には掲載されるが、それよりも大きな扱い、高い頻度で、電気自動車に関する記事は掲載される。そうした記事に左右されると、本質を見失うことになりかねないのだ。

こうした意味でも、誰もが見ている記事を独自の視点で読み込む必要がある。日経新聞は誰でもいつでも手に入る。だからこそ、活用しなくてはもったいない。使い切ってなんぼ、なのだ。

## 新聞は後ろから読む

私が日経新聞を活用し続けてきた20数年、一貫して続けてきた読み方の原則がある。それは、**新聞を後ろから読むこと**だ。

日経新聞の〝後ろ〟とは、最終面の文化面、「私の履歴書」が掲載されている面である。後ろから読むという読み方は、誰に教えられたわけでもない。無意識のうちに20数年前から行っていたのだ。

後から考えてみるに、私は無意識のうちに新聞社や記者の論調に自らの考えを左右されないようにする読み方を編み出していたのだと思う。

新聞社はニュースの価値によって、掲載面を決める。つまり、一面から順に読むことで、新聞社が読ませたい順に記事を読むことになり、知らぬ間に新聞社の論調に流されてしまう恐れがある。

**後ろから読むことは、こうした論調に左右されず、事実やデータをつかみ取るという効用がある**のだ。

## キーワード、データ、トレンドに注目する

本書では、第2～5章で日経新聞の読み方を実際の記事を参照しながら説明している。解説の都合上、分割しているが本来であれば、これらの読み方は同時に行う。

さて、日経新聞マジ読みには注目するポイントが3つある。ここでは、簡単に説明し

よう。

## ①キーワード（言葉）に注目する→大きな変化・転換点に気づく

見出しや本文にある際立つキーワード（言葉）に注目する読み方だ。「最」や「初」「新」といったいくつかのキーワードに注目するだけで、現在進行形で起きている大きな変化を簡単に捉えることができる。

本書を執筆している2018年は、異常な天候が続き、豪雨や地震など、天災によって、多くの人の生活が脅かされた。日経新聞でも観測史上最速の梅雨明けや、福井県で37年ぶりに積雪が130センチを超えたことが報じられた。こうした天気という身近な変化からも、早い梅雨明けによってアパレルや食品メーカーなど、企業の業績に直結する動きを感じ取れる。

大きな転換点には、天気以外にもいろいろな種類がある。詳しくは第2章で解説する。

## ②データ（数字）に注目する→マーケット規模を知る

次にマーケットデータに注目する。マーケットデータにはストックデータとフローデータという考え方がある。ある一時点において貯蔵されている量がストックデータ、一定期間内に流れた量をフローデータと呼ぶ。新聞記事では、フローデータに言及されることが多い。しかし、できればストックデータに注目したい。これはストックデータを知って、記事で報じられている内容の規模感を知らないと、前述の大きな転換点のインパクトを見誤りかねないからだ。

なお、ストックデータが新聞に出るのは年末年始が多い。マーケットデータについては、第３章で解説している。

## ❸トレンド（方向性）に注目する→景気の方向性を見る

先に見たマーケットデータを踏まえ、マーケットがどのように変化していくかを見よう。たとえ注目が集まっているテーマであっても、景気が悪ければ株はなかなか買われない。最後に景気の方向性を見る必要がある。第４章ではその方法を解説した。

先に説明した３つの視点で本質を知ることと組み合わせて、日経新聞をマジ読みすることで、ものの流れが見えてくる。流れが見えてくるから、頭の中でつながってくる。こうしたことが銘柄ピックアップにもつながり、投資のテーマが見つかるのだ。

また、記事から物事を関連づけ、投資のテーマを見つける力「エクイティストーリー構築能力」のポイントは第5章にまとめている。

## 日経新聞の紙面構成

本章の最後に日経新聞の紙面構成と特徴を押さえておこう。日ごろ日経新聞を欠かさず読んでいる人でも、あらためて紙面の特徴を知ることで、何かしらの発見があるだろう。

実際に私が読む順番は後ろからだが、ここでは一面から文化面に向かって説明をする。

### 一面 ～その日の経済ニュースの全体感をつかむ～

一面は、その日押さえておきたい重要ニュースが凝縮されている。一面の記事は、中面に詳細が書かれていることも多く、「目次」の役割も果たしている。先述の通り、一面トップ記事には必ず目を通そう。また、「春秋」は話のネタに使えることも多く、チェックしておきたい。

## 「総合」面　～さまざまなニュースの大きな流れをつかむ～

「ニュースを深く、やさしく」をコンセプトに、景気や政策、企業経営や社会情勢などをわかりやすく解説している。事実関係だけでなく、ニュースの背景や今後の展望も詳しく掲載している。

特に、二面の右上にある「社説」は新聞社としての視点が表れる。「日本経済新聞社はこう考えます」という自社の考えだ。

また、三面左下の「きょうのことば」も逃さずに確認しよう。一面トップ記事に関連する用語解説だが、知らない言葉が紹介されていれば、ここで覚えたほうが良い。

## 「政治」面　～経済、社会のベースにある政治の動きを追う～

政府の政策や外交、国会の動向など政治関係の記事を掲載している。景気対策や雇用対策、社会保障を支えるための税制などはしっかりチェックしたい。

四面右下の「首相官邸」は首相の動向をリポートする記事。経済界の誰と会っているかを確認することで、国策が見える。ちなみに、「首相官邸」をチェックする中で、ある時期私は、安倍首相がイマジカ・ロボットホールディングス（現・IMAGICA GROUP）の長瀬文男会長と頻繁に会っていたことに注目できた。

## 「経済」面　～経済を動かすお金の流れを読む～

政府の経済政策や財政、税制、通商政策といった政策関連のニュースが掲載される。銀行・証券会社・保険会社などの経営動向や金融商品・サービスの最新情報、日本銀行の動きといった金融関連のニュースを報道している。

## 「国際」面　～グローバルな視点で経済を捉える～

各国の政治、外交の話題、経済政策や金融政策、個別企業の動きを報道している。「日本の経済とどう関係するのか」という視点で読む。特に、政権の交代、制度の変更などは確認する。

また、自動車販売台数や原油の生産量、金融の指標、ＧＤＰなど、注目したいグローバルな経済指標を押さえる。

**「アジアBiz」面　～急成長するアジアのビジネスをクローズアップ～**

「アジアビジネスの最前線がわかる」がコンセプト。日本企業だけでなく、現地の有力企業や欧米大手の動向をリポートしている。

**「企業」面　～投資に直結する「ネタ」を見つける～**

月曜日の「新興・中小企業」面を含め、個別企業の動きを報じている。業界や同業他社の戦略、伸びている新興企業や中小企業、新製品・新サービスの動向をリポートする。

**「企業・消費」面　～消費の現場からトレンドをチェック～**

生活者の関心が高い消費財や流通サービス、インターネット関連などのニュースをさまざまな視点で報じている。

## 「投資情報」面 ～「企業の成績表」を詳報～

企業の経営成果を示す企業決算情報や、資金調達などの財務情報を掲載。主な企業や業界の業績動向の詳細や新株発行、社債の公募情報、新規上場企業の紹介など投資に役立つ情報を伝えている。ＩＰＯは「新規公開株の横顔」をチェック。「会社人事」も確認したい。

決算は、左から売上高、経常利益、純利益、１株利益、１株配当（紙面での表記は売上高、経常益、利益、１株益、１株配）の順に並んでいるが、左から2列の売上高と経常利益を見る。特に経常利益をザッと上から確認し、売り上げの伸びとの組み合わせを見ると良い。例えば、利益が増えているにも関わらず、売り上げが減っている。これが減収増益。これは株価の投資タイミングとしてはいいだろう。そういう銘柄は面白い。

## 「マーケット総合」面 ～グローバルな金融の動きを見開きで読む～

国内外の株式、債券、外国為替、商品先物など、各マーケットの現状を一覧できる。右ページは主に前日の市場の動き、左ページはこれからの方向性を探る。

ネタ的、話題的に使えるのが「スクランブル」。また「大機小機」は業界の重鎮がペンネームで書くことがあり、使える情報がある。

### 「マーケット商品」面　～鋼材から食材まで、商品相場を俯瞰～

原油、穀物、鋼材、半導体などの基礎資材の商品市況を知る。卸売価格などの最新データやその背景をわかりやすく伝える。

### 「証券」面　～株式や投信の価格を一覧できる～

原則トータル5ページを使い、全上場銘柄と全ての追加型公募投信を網羅している。ここで気づいてほしいのは、投信の本数だ。上場企業数にも負けない数がある。つまり、私から言わせれば投信を選ぶのは、株を選ぶより難しいのではないかということだ。

### 「経済教室」面　～識者が論じる重要な経済テーマを感じ取る～

60年余の歴史を誇る。その時々の経済問題や政策課題を専門家が執筆する。ここで執筆すると、大学によっては論文と見なされるようだ。

## 「スポーツ」面　～スポーツの裏にあるビジネスの動きを知る～

スポーツの結果、その裏にあるドラマや人々の思いまでしっかり読める。往年の名選手や評論家による珠玉のコラムは多くの固定ファンに支持される。日々のスポーツの結果以外にも、大きなスポーツイベントの経済的・社会的影響などの分析記事も多い。

## 「社会」面　～社会ニュースで時代の空気感をつかむ～

社会のニュースを幅広く報道する。社会面には、後々振り返ったときに、とてつもなく大きな転換点だったと気づく記事が多々掲載される。記事に派手さがない分、「わかっているからいいいや」と見逃してしまわないようにしたい。

## 「文化」面　～心の豊かさを養うことも、経済人として大事～

伝統文化や芸能、芸術の分野で活躍する人々が登場し、自らの体験に基づいた文明批評や研究成果、体験談などを披露する。著名人の半生を描く人気の連載「私の履歴書」はビジネスの会話で必須。

# 第2章

## 日経新聞マジ読み術①

## キーワード（言葉）に注目する

## ↓大きな変化・転換点に気づく

## 〝変化〟をつかめばチャンスがつかめる

では、実際に日経新聞をマジ読みしていこう。

記事を読んでいく際に重要なポイントは「変化をつかむ」「マーケットを把握する」「景気の方向性を見る」ことだ。

この3点を押さえておくことで、新聞は投資のヒントの宝庫になり、投資判断を高めるための教材にもなる。

本章ではその1つ目、変化をつかむ読み方をマスターしたい。

〝変化〟が重要なのは、市場やトレンドの変わり目を察知することで、大きな投資のチャンスをつかめたり、大暴落などのリスクをいち早く回避できるからである。

例えば、注目を集めつつある業界に気づくことができれば、関連銘柄を買って大相場に乗れるかもしれない。

企業の業績や事業の変化を知ることが銘柄選択のヒントになるだろうし、「新商品を発売する」「新技術を開発した」といった記事も変化を伝えているもので、それが株価変動のカタリストになる。

新聞は日々の変化を伝えるメディアであるため、投資のヒントとなる情報がたくさん載っている。企業の業績だけでなく、国内外の経済や政治の変化、市場の転換点となるような出来事も載っている。

ただ、紙面全体をくまなく読み込むのは効率が悪い。

よほど時間に余裕のある生活をしていない限り、そんなに時間はかけられないだろうし、闇雲に時間をかけても、たいして重要ではない情報も入ってきてしまう。

**そこで着目したいのが各記事の「見出し」**である。

記事の見出しを読んでいき、大きな変化や転換点などを伝えている記事を選別していくということだ。

# 8つの漢字を探しながら見出しを読む

見出し読みの方法はシンプルである。

変化や転換点を伝える記事には、よく使われる漢字があるため、その漢字を探しながら見出しを読んでいけば良いだけだ。

注目したいのは、以下の漢字である。

❶年（例：20年ぶりに復刻、2010年以来の快挙　など）
❷初（例：初年度、初期、世界初の取り組み、業界初の出来事　など）
❸最（例：最高、最低、最長、最多、最古、最大　など）
❹新（例：更新、新技術、新たな取り組み　など）
❺発（例：発見、発明、発表、日本発　など）
❻転（例：転換、反転、転機、移転　など）

**⑦脱**（例：脱退、脱○○　など）
**⑧改**（例：改革、改正　など）

まずはこの８つを頭に入れて、見出しを読んでいこう。

**これらは市場や事業の変化を伝えたり、変化の兆しを示唆したりする記事によく使われる漢字だ。**キーワードに引っかかった記事があれば、その中身を読む。

「たったそれだけ？」とよく聞かれるが、それだけである。

慣れてくると記事の本文中にある漢字にも目が向くようになるが、まずは見出しで選別するだけで良いだろう。

日によって記事の数は異なるが、これらの漢字を見出しにした記事は１日あたり10本ほどある。多いときは20を超える日もある。

つまり、漢字に注目して見出しを見ていくだけで、日々、10～20個ほど投資に役立つかもしれない情報を拾い上げることができるのだ。

では、実例を挙げながら見てみよう。

## 例1：最

# 夏のボーナス最高

まずは世の中全体の変化を伝える記事だ。

**【記事01】『夏のボーナス最高　経団連集計96・7万円、建設・車けん引』**（2018年6月15日）

この記事は、大手企業の2018年夏のボーナス平均額が過去最高になったことを伝えているものだ。

記事内にも書かれている通り、金額が上がった背景には建設や自動車業界が好業績であったという事実がある。

この時点で、まず投資先のセクターとして建設や自動車に目が向くだろう。

自動車は部品メーカーなどの関連会社が多く、最近は自動運転に代表されるようなＩＴ

【記事01 ▷ POINT】①大手企業の夏賞与の平均妥結額は前年比6.71％増の96万7386円で、1959年の調査開始以来で最高。②好業績を背景に建設や自動車がけん引。③鉄鋼業の伸び率が最も高く、前年比で17.71％増えた。

関連企業との結びつきも強くなっている。そのような視点を持つことで、投資先の範囲を広げていくこともできる。

ただ、せっかくヒントとなる記事を見つけたのだから、もう少し深く考えてみたい。ボーナスが増えたらどうなるか。当然、消費が増える可能性が高まるだろう。

では、何にお金を使うのだろうか。

消費が増えそうな業界があれば、そこも業績が上がる可能性があり、投資対象として検討できる。

残念ながら、この記事にはボーナスを何に使うかまでは書かれていない。

しかし「ボーナスが過去最高だった」という情報と「何に使うのだろうか」という疑問を頭の中に入れておくと、ほかの記事を読んだ際に新たなヒントが見つかるかもしれない。

その視点で次の例を見てみよう。

## 例2：最

# 「夏休みは海外」過去最高

ボーナスが過去最高となったという記事の約1カ月後、次のような記事が載った。

**【記事02】『「夏休みは海外」過去最高』**（2018年7月6日）

これも「最」の字で見つけられる記事だ。

記事は、2018年の夏休みの旅行動向についてのもので、海外旅行者数が過去最高を更新しそうだと書かれている。

先ほどのボーナスの記事と組み合わせて考えるとどうなるか。

「過去最高のボーナス」を「海外旅行で使う人が多いかもしれない」という1つのシナリオが見えてくるだろう。

すると、投資先のセクターとして、旅行会社などが見えてくる。海外旅行は飛行機や船

【記事02▷POINT】①2018年の夏休み期間の旅行動向見通しは海外旅行者数前年比4.1％増の283万人で、最高を更新。②渡航先は台湾や香港などアジア地域の伸びが目立つ。③1人当たりの海外旅行平均額は21万4500円と0.7％減る見通し。

を使うし、保険をかける人も多いため、航空会社や保険会社も好業績が期待できるかもしれない。

つまり**「最」に注目して2つの記事を見ることにより、建設、自動車、IT、自動運転、海外旅行、航空会社、保険といったセクターが見えてくる**ということだ。

そこまで見えれば、あとは『四季報』で業績を確認したり、チャートで値動きを見たりするなどして個別銘柄を選ぶ段階に進めるだろう。

ちなみに、ボーナスの記事の本文には「1959年の調査開始以来で最高」という記載があり、海外旅行の記事には「00年以降で最高を更新しそうだ」とある。

いずれもキーワードである「年」を含む文章だ。

この点からもこの2つの記事が変化を表す記事といえるだろう。

## 図表1　「最」から見えてくるシナリオ

【記事01】

# 夏のボーナス最高

経団連集計

96.7万円、建設・車けん引

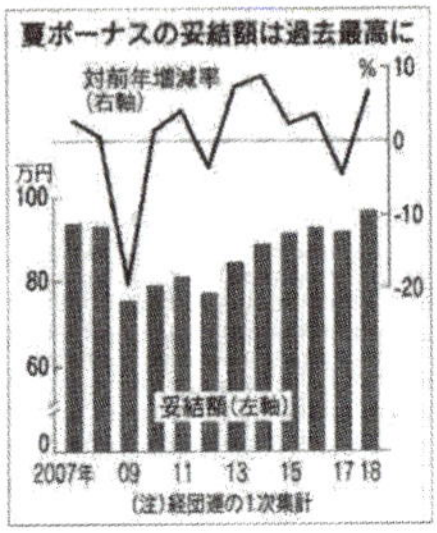


経団連は14日、2018年夏賞与の1次集計結果を発表した。大手企業の平均妥結額は前年比6・71%増の96万7386円で、1959年の調査開始以来で最高。好業績を背景に建設や自動車がけん引し、2年ぶりに増えた。90万円の大台を上回るのは4年連続。政府がデフレ脱却に向けて経済界に賃上げを要請した動きも追い風になった。

経団連は東証1部上場で従業員500人以上の21業種251社を対象に調査。14業種96社の回答を集計した。最終集計は7月下旬にも公表する。

平均妥結額は1次集計としてこれまで最高だったリーマン・ショック前の07年を上回った。18年の集計で妥結額が最高だった業種は、20年東京五輪を控えて業績が好調な建設。平均を大きく上回る157万3957円となり、前年より10・71%増えた。自動車も6・71%増の106万156円で平均を押し上げた。

伸び率が最も高かった業種は鉄鋼。前年比で・71%増えた。自動車や材向けの市況が好転するなど好調な業績を反映

2018年6月15日　日本経済新聞朝刊

- 見出しの「最高」に注目
- 建設や自動車など投資先のセクターにも注目
- 記事では言及されていない「ボーナスの使い道」まで考えると、記事02にも注目できる

【記事02】

# 「夏休みは海外」過去最高

JTB、283万人予想　安くて近いアジア人気

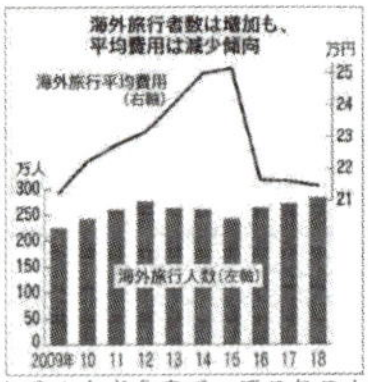


JTBは5日、2018年の夏休み期間の旅行動向見通しを発表した。海外旅行者数は前年比4・1%増の283万人で、比較可能な調査がある00年以降で最高を更新しそうだ。渡航先は台湾や香港などアジア地域の伸びが目立つ。一方、旅行にかける費用は減少傾向にある。給与水準は上向いているが、景気の先行き不安などから海外旅行も「節約志向」が続いている。

JTBがアンケートや販売状況、航空会社の予約状況から、7月15日～8月31日の旅行動向を予測した。人気の渡航先は安くて近いアジア方面で、前年比で5・5%増える。なかでも香港やマレーシアは10%前後増える見込みだ。韓国は5%増。韓国と北朝鮮の融和ムードが高まっていることも一因とみられる。

出発のピークは8月11～12日になると見込む。働き方改革で休みが取りやすくなっていることも海外旅行者数を押し上げた。

1人当たりの海外旅行平均額は21万4500円と0・7%減る見通しだ。アジアは格安航空会社(LCC)の利用が多く単価が抑えられたほか、消費財の値上げやガソリン価格の高止まりを背景に旅行者の節約志向も根強い。海外旅行費は16年以降、燃油サーチャージの下落などを背景に21万円台まで下がっている。

国内旅行者数は7460万人と前年から横ばいで、平均旅行額は3万4000円と1・2%減った。今年は帰省目的の旅行者が多く、ホテルや旅館の利用が少なくなる見込み。割安で宿を借りられる民泊が増えていることも消費額の減少につながっている。

宿泊日数では「1泊2日」が最も多く全体の45・3%を占める。旅行先としては沖縄や東北、北陸などが前年の比率を上回っている。家族旅行が全体の7割を占めるが、一人旅や友人との比率も前年より伸びた。

エイチ・アイ・エス(HIS)によると、海外渡航先は10年連続でハワイが1位となった。家族連れだけでなく女性にも人気が高い。来年10月以降登頂できなくなるオーストラリアのエアーズロックは前年比4倍以上の伸びだ。

阪急交通社では主力の欧州旅行だけでなく、サッカーワールドカップのあったロシアや、テロの影響が薄れつつあるトルコやモロッコなどの中東の予約が増えている。

国内ではイベントにひもづいた旅行先が人気だ。日本旅行は、明治維新から150周年であることや大河ドラマ「西郷どん」をきっかけに鹿児島や高知、山口へのツアーを企画し、九州や四国への旅行者が増えているという。

2018年7月6日　日本経済新聞朝刊

- 「過去最高のボーナス」を「海外旅行で使う人が多いかもしれない」というシナリオが見えてくる

## 例３…最

# 日本の食　浸透で最高益

次に個別企業に関する記事を見てみよう。

【記事03】『日本の食　浸透で最高益　ハウスやキッコマン、業務用に販路』（２０１８年６月９日）

この記事は、日本の食材を海外に売り込んでいる食品メーカーが好調という内容である。記事を読むと、ハウス食品グループ本社、キッコーマン、ヤクルト本社といった具体的な企業名が出ている。これだけですでに銘柄選択のヒントになる。

また、この記事のエッセンスは「海外展開」と「日本食」という組み合わせが好業績に結びついているという点であるため、似た事業を展開する食品メーカーなども候補に挙げることができる。

【記事03▷POINT】①ハウス食品グループ本社、キッコーマン、ヤクルト本社で海外事業の営業利益が過去最高となる見通し（2019年３月期）。②キッコーマンやヤクルト本社の海外利益比率は、７割と高い。③最近では新興国の食品メーカーも地域に根ざした品ぞろえと海外展開で、高い採算性と成長力を見せている。

## 図表2　記事03からわかる変化・転換点

【記事03】

# 日本の食 浸透で最高益

## ハウスやキッコマン、業務用に販路

日本の食文化を海外に売り込んでいる食品メーカーの業績が好調だ。2019年3月期はハウス食品グループ本社やキッコーマン、ヤクルト本社で海外事業の営業利益が過去最高となる見通し。連結ベースでも最高を見込む。家庭向け中心から業務用に販路を広げ、値上げも進める。洋食や菓子では世界大手が圧倒的な規模を持ち、日本勢は得意分野で稼ぐ。

### 今期、値上げ効果も期待

ハウス食品は「海外食品事業」の営業利益を前期より6億円増の34億円に伸ばす。連結ベースでも170億円（4％増）と2期連続の最高益の予想。日本風カレーが定着しつつある中国で3割の増収を目指す。

「バーモントカレー」は八角など中華料理によく使われる香辛料を加えた現地風の味付けで、スーパーなどで試食販売を地道に続けてきた。ルウの中国でのシェアは9割、今期は平均1割の値上げを計画する。さらに飲食店や社員食堂、学校給食への販路を広げる。店舗に足を運び厨房で実演、カレーの調理法を教えて需要を生み出す。

米国での歴史が長いキッコーマン。19年3月期は円高・ドル安の影響を吸収して海外営業利益は267億円と4％増の計画だ。

米国の肉料理に合わせた家庭用のしょうゆベースの調味料に定評があり、今期はさらに減塩タイプや有機食材を使った商品の品ぞろえを拡充。交流サイト（SNS）で

食品メーカーの海外事業と世界大手
（単位億円、カッコ内は前期比増減率％）

| | 予想連結営業利益 | 主な海外事業 | 連結売上高営業利益率（％） |
|---|---|---|---|
| ヤクルト | 465（ 7） | アジアで「ヤクルト」 | 10.8 |
| キッコマン | 376（ 3） | 北米でしょうゆ | 8.5 |
| ハウス食G | 170（ 4） | 中国でカレールウ | 5.6 |
| カルビー | 295（10） | 北米でスナック | 10.7 |
| ネスレ（スイス） | 1兆6410 | チョコやコーヒーなど | 16.4 |
| クラフト・ハインツ（米） | 6502 | ケチャップやスープ | 27.7 |

（注）予想連結営業利益は18年度。海外企業は税引き前利益でファクトセット算出の市場予想平均。売上高営業利益率は17年度実績

ハウス食品は今期中に中国でカレールウを平均1割値上げ

2018年6月9日　日本経済新聞朝刊

- ハウス食品グループ本社、キッコーマン、ヤクルト本社など、日本の食品メーカーの海外市場での好調ぶりがうかがえる
- 「海外展開×日本食」というキーワードが投資のヒントになる

ここでもう1つ重要なのは、**前述したボーナスの記事の話と同じで、記事内に出ていたキーワードを頭の片隅に入れておく**ことだ。

この記事の場合は「海外展開」と「日本食」がキーワードになるだろう。

これらが頭に入っていることによって、ほかの記事を読んだときに情報と情報が結びつき、さらなる投資のヒントが見つかることもある。

例えば、翌日の紙面には、

**【記事04】『和の食材米国産に　削り節新工場、しょうゆ増産…』**（2018年6月10日）

という似た内容の記事が載った。

この記事も、海外で日本食が受け入れられているという内容のものだ。

ただ、前述した最高益の記事にはない情報も含まれている。

それは、日本食レストランだけでなく、アメリカの家庭で日本食を食べる人が増えているという情報である。レストランで食べていたものが家庭で食べられるようになれば、調

【記事04▷POINT】①日本の食品メーカーがアメリカで現地生産を増やしている。②ヤマキは削り節の新工場を設け、キッコーマンもしょうゆを増産する。③キッコーマンの調査ではアメリカの家庭の6割で、しょうゆを持っているという。

味料であるしょうゆなどが売れるのは当たり前だ。

これは株価を押し上げる要因になりうるし、アメリカなどでの事業展開が大きい食品メーカーほど利益も伸ばしやすくなる。

その発想を手掛かりにして『四季報』を見れば、食品メーカーごとの海外比率がわかり、利益が伸びそうな銘柄を絞り込むことができる。

例えば、キッコーマンの売り上げの海外比率は58％だ。

記事にあるように日本食が好調なら、海外での利益がさらに伸び、株価も上昇していくと考えられるのである。

また、『四季報』で調べていくと、ハウス食品の欄に「海外は米国豆腐が柱」「米国の豆腐も業務用販路拡大し伸びる」と書かれている。豆腐は代表的な健康食であり、そもそも日本食が人気を集めているのは健康志向が背景となっている。

そのような視点で見ていくことで、値上がりが期待できそうな個別銘柄も見えてくるだろう。

さらに深くマジ読みするのであれば、食品メーカーの事業ポートフォリオについて考えてみるのも良いだろう。

一般的に食品メーカーは内需株でありディフェンシブ株だ。つまり、景気や為替変動の影響を受けにくく、世界の経済状況が不安定なときに資金が流れ込みやすい。

しかし、ハウス食品やキッコーマンの例からもわかる通り、大手の食品メーカーは海外拠点を持ち、海外で利益を獲得している。そう考えれば、食品メーカー全てが内需株とはいえない。

海外に工場を作る、製造拠点を増やすといった記事は、「食品株は内需株」といった教科書的な分類を見直すことにもつながるのである。

## 例４…初

### 中曽根元首相１００歳に　現行憲法下、経験者で初

「最」と同じくらいよく出てくるのが「初」である。

例えば、一見投資とは関係なさそうに見えるが、「初」に注目して読んでいくと、こんな記事も目に留まる。

## 【記事05】『中曽根元首相100歳に　現行憲法下、経験者で初』（2018年5月27日）

この記事は、中曽根氏が100歳になったという内容で、中曽根氏の政治家としての略歴について触れているものである。

銘柄探しの視点で読んでいくと、この記事は「中曽根さんも100歳になったのか」くらいで終わってしまうかもしれない。

しかし、**重要なのは変化を読み取ること**だ。

そして、この記事は大きな社会変化を表している。それは「**人生100年の時代**」になったという変化だ。

首相は国民の代表的な存在である。その役職を経験した人が100歳になった。そういう時代に我々は生きているということをわかりやすく表しているのである。

100年は長い。60歳で定年退職しても、まだ40年ある。

では、自分がシニアになったら何をするだろうか。

「70歳くらいまでは働くだろう」と思うなら、シニア向けの職探しや斡旋事業が儲かりそうだといったイメージが湧く。

【記事05▷POINT】①中曽根康弘元首相が2018年5月27日に100歳を迎えた。②首相経験者が100歳を迎えるのは史上2人目で、現行憲法下では初。③中曽根氏は1982年に首相に就任し「戦後政治の総決算」を掲げて日本国有鉄道など3公社を民営化した。

「１００歳になったとき、誰が自分の世話をしてくれるのだろうか」

そんな不安が生まれるなら、健康関連、医療関連、介護や介護ロボットの分野が投資先として浮かんでくるのではないか。

また「１００年人生」をキーワードとして覚えておくと、ほかの記事の見え方も変わってくる。

例えば、この記事の少し前に、大型クルーズ船を地方の港に安全に接岸させるという内容の記事が載っていた。

**【記事06】『クルーズ船を地方港に　海保が支援加速』**（2018年5月9日）

この記事の見出しには前述の８つの漢字が入っていない。

ただ、本文の１行目に「訪日クルーズ船客の拡大を見据え、初めて入港するクルーズ船が安全に接岸できるか判断する簡易シミュレーションを導入する」とあり、ここに「初」の文字がある。

【記事06 ▷ POINT】①海上保安庁は訪日クルーズ船客の拡大を見据え、初めて入港するクルーズ船が安全に接岸できるか判断する簡易シミュレーションを導入する。②訪日クルーズ船客は16年には約199万人、17年には約253万人に達している。③海保が試験運用を計画している簡易シミュレーションソフトでは、船に合わせて入港できる波の高さや風速の大まかな目安を提示する。

記事の内容は、訪日クルーズ船をたくさん日本に呼び込もうというインバウンド関連の話だ。

しかし、クルーズ船という単語は先の「100年人生」と結びつきやすい。シニアはお金があり、時間もある。ならば、きっとクルーズ船で世界に出かける人も増えるだろう。そんなイメージが浮かべば、例えば、クルーズ旅行専門のオンライン旅行会社であるベストワンドットコムなど、クルーズ船の予約会社やパック旅行を扱う会社などへの投資が考えられるかもしれない。

インバウンド関連で調べていけば、訪日客が増えそうな地方都市や、そのようなエリアにあるホテルなども思い浮かんでくるのではないか。

さらに、「インバウンド」というキーワードが頭にあれば、こんな記事も目に留まるかもしれない。

**【記事07】『都内訪日客の訪問先　新宿・大久保が最多』**（2018年6月22日）

これは、訪日外国人が国内のどこに行っているかを調査したものだ。記事には「最」の

【記事07▷POINT】①2017年の調査で、訪日客の訪問先として都内で最も多かったのは新宿・大久保だった。②17年に都内を訪れた訪日客は過去最多。2回以上訪れるリピーターの存在が大きく、51.5％と半数を超えた。③都内での支出額は13万3731円で、前年に比べ2.5％増えた。

## 図表３　記事の内容以上に想像を巡らせる

【記事06】

# クルーズ船を地方港に

## 接岸の安全対策　試算結果を提供

### 海保が支援加速

海上保安庁は訪日クルーズ船客の拡大を見据え、初めて入港するクルーズ船が安全に接岸できるか判断する簡易シミュレーションを導入する。観光客による経済効果を期待して大型クルーズ船の誘致を狙う自治体への支援を強化する。試算結果に基づき、大型船が安全に入港できる波の高さや風速、接岸速度などの基準を港湾管理者が策定する期間を短縮する。

政府は2016年にまとめた「明日の日本を支える観光ビジョン」で20年に訪日クルーズ船客を500万人に拡大することを目標に掲げた。16年には約199万人だったが17年には速報値で全国130港の約253万人に達している。

海保は、建設時に計画した規模以上の船が寄港する際、自治体など港湾管理者に新たに安全対策の策定を求めている。港湾管理者は安全に船が着岸できるか調べる航行安全対策を策定した後、運航会社に寄港の可否を返答する。

大型船の寄港が増える中、海保によると、港湾管理者が入港の際の安全対策を検討した港は15年に14港、16年に17港、17年が20港と年々増加している。

受け入れ経験のない規模の大型クルーズ船が入港する場合、港湾管理者は有識者らを交えて民間のコンサルタント業者に委託し、安全対策を策定する。これまで大型船の入港経験がない地方港は安全対策を検討し、入港の可否の判断に4～6カ月要していた。

海保が10月からの試験運用を計画している簡易シミュレーションソフトでは、船の大きさを踏まえて入港できる波の高さや風速の大まかな目安を提示する。

海保の目安を受けてから民間業者に依頼することで検討が必要な項目を絞り込むことが可能になり、調査期間を1カ月ほど短縮することが見込めるという。

地方港は航路幅や
回転幅について大型
着岸を想定せず建設
いることが多い。港
理者が新たな安全対
策定に時間を要する
クルーズ船の運航会
決める運航計画に影
出かねない。
海保は試験運用を
2019年から本格
を目指す。まず地方

大型クルーズ船の地方港への入港は増えている（広島市）

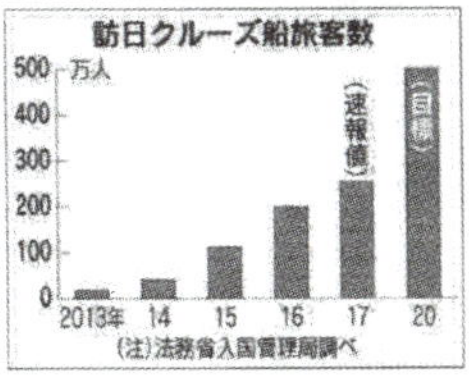


2018年5月9日　日本経済新聞朝刊

- 「インバウンド」に関する記事だが「100年人生」というキーワードが頭に入っていれば、別の見方ができる
- 金銭的余裕のあるシニア層のクルーズ船利用が想像できる
- 8つの漢字は記事本文からも読み取れる

漢字がある。

内容としては、どの国からきた人が、どんな街を訪れたのかが載っている。インバウンド関連の投資先を考える上で役立つ情報になるだろう。

マジ読みの話とは少し離れるが、この記事のように**具体的な街の名前が出ている場合は、実際に足を運んでみるのも投資のヒントを得る重要なポイント**だと私は思う。

新聞記事は、どうしても書き手である記者の目というフィルターがかかるし、見方、書き方の面で新聞社ごとのバイアスもある。それを取り除くためには、自分の目で現地を見るのが良い。

現地・現物を見ることにより、人の動きや熱気などがよりリアルにわかるようになるのだ。

店に関する情報についても同じことがいえるだろう。「あの店が流行っている」「店舗数が増えている」といった記事を読んだら、その店が近くにあるのであれば、実際に足を運ぶと良いだろう。

## 例5：初

# ストリーミング配信、初のCD超え

**【記事08】『ストリーミング、CD超え　17年、世界の音楽市場』**（2018年5月2日）

これは「初」を記事本文内に含む記事で、CDやレコードの売り上げよりも、スウェーデン発祥のサービス・Spotifyやアップルの Apple Music といったストリーミング配信の売り上げの方が大きくなったという内容である。昨今の音楽業界の変化を表すわかりやすい記事の1つといえるだろう。

まずは素直に考えてみる。

ストリーミング配信で聞く人が増えているなら、そのためのプラットフォームを運営している会社や有料配信事業を手がけている会社などが儲かる。

CD類は売れなくなっているようだが、その一方でストリーミング配信が増えているなら、音楽市場全体としては堅調なのかもしれない。

【記事08▷POINT】①2017年の世界の音楽市場はストリーミング配信の売り上げがCDやレコードを初めて上回った。②業界全体の売上高は前年比８％増の173億ドル（約１兆9000億円）と、３年連続で増えた。③17年末時点でストリーミングの有料利用者は１億7600万人。１年で6400万人増加した。

そう考えるなら、音楽関連の会社も投資対象になりうるだろう。

ただし、それだけではつまらないので、少し思考の幅を広げてみたい。

仮に曲の入手ルートがオンラインに移っているのだとしたら、同じことがほかのエンタメでも起きているかもしれない。**似たパターンを探すのは投資の基本**だ。

すると、「映像はどうなっているのだろうか」という疑問が湧いてくる。

その疑問を頭の片隅に入れておくことで、

**【記事09】『ネットフリックス快進撃　時価総額、一時ディズニー超え　メディア大再編を誘発』**（２０１８年5月26日）

という記事も目に留まりやすくなるのだ。

これは、動画配信サービスを手がけるネットフリックスの時価総額が、ウォルト・ディズニーを超えたという記事だ。

日本ではまだ地上波のテレビが主要なメディアとして認識されているが、アメリカはか

【記事09▷POINT】①ネットフリックスの時価総額がウォルト・ディズニーを上回り、一時世界最大の企業価値を持つメディア企業になった。②ネット回線を通じた映像の視聴が広まったことで、メディア業界では大再編が進んでいる。③ネットフリックスは、自前のコンテンツに巨額の製作費を投じており、同社のフリーキャッシュフロー（純現金収支）は、22年ごろまでマイナスが続く見込み。

ねてからケーブルテレビを利用する人が多く、その次の流れとしてインターネットで動画を視聴する人が増えている。

仮に、日本がその後を追いかけているとすると、テレビを主軸とするビジネスはこれから苦しくなるかもしれない。テレビ局がその中心的存在であるが、テレビＣＭを手がける広告代理店なども含まれるだろう。

逆に、ケーブルテレビや動画配信に関わる事業は、これから伸びる可能性が期待できる。動画コンテンツの制作に携わる会社も投資先候補になるかもしれない。

また、音楽も動画もインターネット経由で入手するわけだから、そのやり取りを支える通信サービス関連の会社も投資先候補になるだろう。

代表的なのが次世代通信システムの５Ｇ（第5世代移動通信システム）だ。５Ｇは現行の４Ｇに比べて、通信速度が１００倍になるといわれている。容量も１０００倍になり、短時間で大容量のデータをやり取りできる通信方式である。

また、通信方式の細かな違いがわからなくても、５Ｇというキーワードが頭の中にあれば、例えば、

【記事10】『ポスト5G、110兆円産業へ　総務省、30年代にらみ電波戦略案』（2018年7月5日）

という記事が目に留まるかもしれない。

この記事は、5Gのさらに先にあるポスト5G（ビヨンド5G）について書かれているものだ。

5Gというキーワードだけでも投資先候補は複数見つかる。ただ、株には先行投資で買われるという特徴があるため、さらに半歩先に目を向けると投資先候補はもっと広がるだろう。

記事によると、4Gと5Gの通信速度には約100倍の差があり、5Gなら2時間の映画を3秒でダウンロードできるという。

このような通信環境が整えば、映画をはじめとするさまざまな動画が身近になる。すると、コンテンツ制作に関わる会社が儲かる可能性が高い。

また、ポスト5Gは、5Gの10倍の性能なのだという。そこまでいくと、もはや動画をダウンロードするという感覚はなくなり、テレビをつけるような感覚になるかもしれない。

【記事10▷POINT】①総務省は30年代に実現する革新的な電波システムの1つとして「ビヨンド5G」を掲げる。②電波関連の産業規模を40年に現在の3倍の112兆円に拡大させる。③戦略を実現するため、全体で110ギガヘルツ分の電波を新たに使えるようにする方針だ。

これは大きな変化であり、実現すれば、エンターテインメント業界のみならず、ライフスタイルそのものが大きく変わる可能性もある。

このことからも「初」という漢字が示唆する変化や転換点の大きさや、着目する重要性がわかってもらえると思う。

## 例６…初

# マレーシア初の政権交代へ

世界の政治や経済の話では、こんな「初」の記事もあった。

**【記事11】『マレーシア政権交代　東南アの強権岐路』**（２０１８年５月11日）

記事の内容は、92歳のマハティール氏が15年ぶりにマレーシアの首相になるというものだ。記事本文に「初の政権交代」と「初」が入っている。単なる流し読みだと、おそらく

【記事11▷POINT】①92歳のマハティール氏が、2003年の退任以来15年ぶりにマレーシアの首相に返り咲いた。②マハティール氏は81年から03年まで22年間、マレーシアを高成長に導いた。③１人当たりGDPが約１万ドルに達したマレーシアにとって、先進国入りを前に経済成長が滞る「中所得国のワナ」からの脱却が急務になっている。

「ずいぶん高齢の首相だな」で終わってしまうだろう。

しかし、せっかくキーワードを拾って見つけた記事なのだからマジ読みしておきたい。

その出発点は、マハティール氏がどんな人物なのかを知ることから始まるだろう。マハティール氏は、80年代に首相に就任したときに「ルックイースト政策」を提言した。ルックイーストは「東を見る」という意味で、「東」とは何かというと、日本を指している。

つまり、「日本に学ぼう」というのがこの政策の肝で、当時の日本の経済成長から学ぶだけでなく、日本人の美徳といわれる律儀さ、勤勉さなども学ぼうと取り組んでいた。

また、マハティール氏個人もかなりの親日家で、子どもたちを日本の大学に進学させたり、日本を応援する内容の本を書いたりもしている。

その後、マレーシア内での政権交代によってマハティール氏は首相を退任するが、2018年に15年ぶりに首相になった。

ポイントは、この変化が日本経済にどんな影響を与えるかである。

その点に関心を向けておくと、

**【記事12】『中国主導の鉄道中止　マレーシア、財政再建優先』**（2018年7月6日）

【記事12▷POINT】①マレーシア政府が、中国主導で着工済みの長距離鉄道事業を中止すると発表した。②中止したのは総距離約690キロメートルの「東海岸鉄道」。③総経費が約2兆2100億円超に達する見込みとなり、巨額借り入れで財政が悪化するのを避けるため計画を見直す。

という記事に着目しやすくなる。「初の政権交代」の記事から2カ月後に載った記事だ。

記事は、中国主導で着工していた長距離鉄道事業を中止するというもので、その理由としては、中国からの巨額の借り入れによってマレーシアの財政が悪化するのを避けるためと書かれている。

また、鉄道のみならず、ガスのパイプライン事業、高速鉄道建設、工業団地の整備、港の建設なども全て中止した。

普通に読めば「マレーシアが財政再建を優先しているのだな」と読める。

ただ、前情報として「初の政権交代」の記事をチェックしていると少し違った見方ができる。

中国資本の事業を中止したことと、マハティール氏が親日家であるという点が結びつき、もしかしたら今後、各種インフラ事業の仕事が日本にくるのではないかという考えが浮かんでくるのだ。

80年代のルックイースト政策のときは、日本の建設会社がたくさんマレーシアに進出している。

鉄道関連では、日本には新幹線という世界に誇る高速鉄道がある。

そういった予備知識や関連情報までひっくるめると、マレーシア向けに事業を展開できる建設や運輸関連の会社が業績を伸ばすのではないかと考えることができるのだ。

ちなみに、鉄道中止の記事の1カ月後、マハティール氏は日本を訪れ、JR九州で新幹線を視察している。

「初の政権交代」の記事を見つけたことにより、その後に起きる複数の出来事がつながって見えるようになっていくのである。

## 変化や転換点を伝える記事を深掘りする

さて、8つの漢字はいずれも見出し・記事文中によく使われる漢字であり、見つけやすく、変化や転換点の背景も捉えやすいのが特徴だ。

ただ、必ずしもこの8つだけに終始する必要はない。重要なのは変化や転換点を捉えることだ。

**８つの漢字で記事をピックアップすることに慣れてきたら、それ以外の見出しも「変化の話か？」「転換点を表しているのではないか？」といった意識で読んでみよう。**

具体的な文字としては、「変わる」や「変」を含む見出しや、「転じる」「反転」などを含む見出しの記事は変化や転換点を示唆していることが多い。

ほかにも、超える、抜く、中止、入れ替え、終わり、増加、減少、拡大、縮小といった単語にも注目して見ると良いだろう。

例えば、

**【記事13】『「中食」市場10兆円超え　総菜拡充・増産に動く』**（２０１８年５月22日）

である。

これは「超え」と「拡充（≒拡大）」が見出しに入った記事だ。

内容は、共働きの世帯数が増えたことによって中食が増え、10兆円市場になったということが書かれている、

銘柄選択という点で見ると、記事内には、ロック・フィールドや柿安本店といった惣菜

【記事13▷POINT】①総菜や弁当など調理済み食品を自宅で食べる「中食」の市場規模が2017年に初めて年10兆円を超えた。②ロック・フィールド、柿安本店など惣菜各社の業績好調。③コンビニやスーパーでも中食関連の売り上げが伸び、惣菜の生産体制を整えている。

メーカーの企業名が出ている。

また、惣菜コーナーの拡大と関連してコンビニエンスストアやスーパーマーケットの近況についても言及しているため、その点でも買える銘柄は見えてくるのではないか。


ただ、ここでも半歩踏み込んでみたい。

例えば、この記事のキーワードは「お惣菜」だ。

そこから「そういえばフジッコが『おかず畑シリーズ』を作っていたな」「『ご飯がススム』ってどこのメーカーだっけ（ピックルスコーポレーション）」といったことが思い浮かぶのが理想的なパターンといえるだろう。

これも、前述した現地・現物の話と通じるところがあり、スーパーマーケットなどを見て回っていると、そういった商品名やメーカー名が浮かびやすくなるだろう。

さらに踏み込むと「スーパーの店内でお惣菜を作るのであれば厨房が必要だな」という発想も出てくる。その視点で『四季報』を見ると、マルゼン、フジマックといった厨房メーカーの絞り込みができ、直近の株価も確認できる。

ちなみに厨房の販売先は幅広く、レストランはもちろんだが、学校、病院、介護施設な

## 図表４　惣菜メーカーの好調から考える

【記事13】

# 「中食」市場 10兆円超え

## 総菜拡充・増産に動く

### 昨年、共働き世帯「時短需要」

総菜や弁当など「中食」の市場規模が２０１７年に初めて年10兆円を超えた。共働き世帯が増加し「時短需要」が拡大しているのが背景だ。総菜・弁当専門店の業績は好調で、コンビニエンスストアなども需要を取り込もうと中食分野の強化を競う。年25兆円ある外食市場の３分の１超の規模に膨らみ、飲食小売りの成長をけん引している。

日本惣菜協会（東京・千代田）が調べた17年の中食の市場規模は16年の９兆８３９９億円から２%強増え、10兆５００億円前後になったもよう。生活に密着した消費では、織物・衣服（10兆８千億円）や医薬品（10兆５千億円）に迫る規模だ。

「調理に時間をかけなくていい分、家族と過ごす時間を増やせる」。大阪府豊中市在住で共働きの加藤真希子さん（31）は平日はほぼ毎日、近くのコンビニでサラダなどの総菜を購入する。総菜や持ち帰り弁当は洗い物の手間が省ける点や手早さから、共働き世帯から支持を集める。

日本惣菜協会によると、飲・食料の出費に占める外食の割合は16年で35・6%と07年から３・６ポ下がったが、中食は

ている。このため、総菜各社の業績は好調だ。

ロック・フィールドの18年４月期の売上高は５２２億円で前年比３%増

年２月期の売上高は前年比で１%増え、過去最高の４３９億円だった。

需要を取り込む手も打っている。ロック・フィールドはパック詰めのサラダや総菜など加工済み商品の供給能力を高める。神戸市の工場を増床し、８月をめどに生産能力を前年比で２倍にする。静岡県磐田市の工場にサラダ用野菜の研究施設を設け、５月に一部の運用を始めるなど、商品開発にも力を入れる。

コンビニやスーパーでも中食関連の売り上げが伸びている。日本惣菜協会によると、16年の中食市場のうち食料品スーパーの売上高は15年比で３・６%増加。コンビニは５・０%増えた。17年も同程度伸びたもようだ。

コンビニでは、ローソンが店内調理の弁当や総

度末までに17年度比４割増の６０００店にする計画。竹増貞信社長は「夕方や夜間にも来客のピークを作りたい」と話す。

ファミリーマートは協力工場と組み、20年２月期までの４年間で中食の生産体制の整備で累計３５０億円を投資。工場の製造品目見直しや省人化設備を導入する。

食品スーパーでも、総菜事業の拡大が広がる。サミットは17年から、一部店舗で揚げ物などの総菜を午後９時ごろまで製造する取り組みを始めた。売れ行きが好調なため、全店に広げる方針だ。

いなげやは傘下の高級スーパー、三浦屋から共同開発した付加価値の高い総菜の調達を増やす。三浦屋は19年３月までに、いなげや向けの生産を１・５倍の月45万パック

2018年5月22日　日本経済新聞朝刊

- 惣菜メーカーが好調
- 売り場であるコンビニやスーパーで売り上げが伸びている
- 惣菜を売る現場であるスーパーマーケットには店内調理の厨房が必要
- 記事には登場しない厨房メーカー（マルゼン、フジマックなど）が銘柄選択の候補になる

どにも需要がある。

すると「学校の老朽化で入れ替え需要が増えるのではないか」「介護施設が増えれば厨房も必要になるのではないか」といった発想につながる。

そもそもの記事（「中食」市場10兆円超え）とはだいぶ離れるが、投資先を広げるという視点からみると、**関連しそうなキーワードをつなぎ、記事と関連して儲かりそうな会社を探していくことが大事**なのだ。

## ネガティブな記事の読み方

**【記事14】『30年、全都道府県で人口減　都市部も高齢化進む』**（2018年3月31日）

これは「減」を見出しに含む記事だ。

人口減少は日本全体で起きている大きな変化で、基本的には人口とともに消費も減り、

【記事14▷POINT】①全ての都道府県で30年から人口が減り始める。②45年には7割の市区町村で15年に比べ人口が20%以上減る。③45年時点で最も人口が減る都道府県は秋田で、15年比で41.2%減。青森（37.0%）、山形（31.6%）が続く。

経済活動としてはマイナスに働きやすいといえる。

ただ、少し視点を変えると人口減少がビジネスチャンスになる業種も見えてくるかもしれない。

人口動態や少子高齢化のようなマクロな問題を見る際に、私がよく考えるのが「**もし自分が政治家だったらどうするか**」ということである。

マクロな課題には国が中心となって取り組むことが多く、株のセオリーでいえば「国策は買い」だ。つまり、国策とマッチする会社は買われやすくなるため、「自分が政治家になり、国策を考える立場だったら」と想定してみる視点が重要になるのだ。

テーマとしては、例えば「予防医療」がある。そこを皮切りに考えてみると、例えば、減塩や運動といったキーワードが浮かぶかもしれない。

運動から考えると、コシダカＨＤがある。

コシダカＨＤは、女性のフィットネスクラブであるカーブスを運営する会社だ。もともとはカラオケ事業を中心としていたが、予防医療や健康志向が追い風となり、カーブスが流行った。

結果、18年には本家であるアメリカのカーブスの株式を取得し、傘下に収めることになった。

【記事15】『フィットネス米カーブス　コシダカHDが買収』（2018年2月18日）

いわば、アメリカ生まれのセブンイレブンを日本国内で大きく育てたのと同じパターンだ。

ちなみに、コシダカHDの株価は2017年からの1年間で3倍まで伸びている。変化をつかむことが大きな利益につながることを表す好例といえるだろう。

## 景気は一定の間隔で循環している

8つの漢字のうち「○○年ぶり」と「初」については、**経済のサイクルを意識しておく**ことが大事だ。

【記事15▷POINT】①コシダカHDは米フィットネスクラブ大手のカーブスインターナショナル（テキサス州）を買収する。②コシダカHDは2005年にカーブスジャパン（東京・港）を設立。国内で女性限定のフィットネスクラブをフランチャイズチェーン展開する。③住宅街、商店街などに小型の店舗を出店し、17年8月末時点の国内店舗数は約1800店に上る。

**図表５　「景気の波」のイメージ**

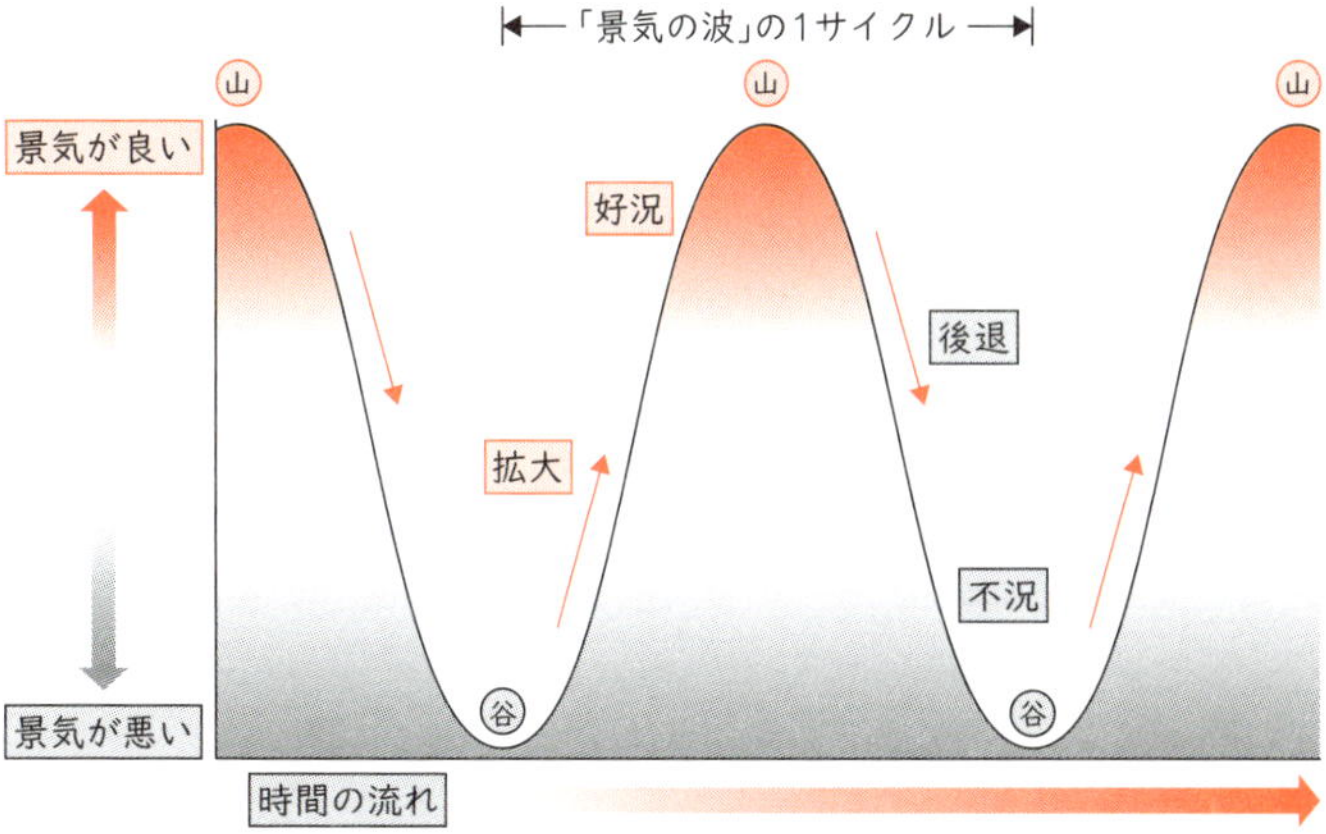


（出所）nikkei4946.comより作成

サイクルとは景気の山と谷のことで、景気は基本的には上がったり下がったりしながら動いている。

経済学の中でよく語られるサイクルとしては、以下の４つに加え、テクニカル分析に出てくるヘゲモニーサイクルを入れた５つが挙げられるだろう。

## キチンサイクル

３～４年周期で一巡するサイクル。背景には小売業などの在庫が関連しているといわれ、在庫の仕入れ量を増やすときに景気が良くなり、減らすときに悪くなる。

## ジュグラーサイクル

10年前後で一巡するサイクル。背景には企業の設備投資が関連していると考えられている。機械などの設備は10年ほどで償却されることが多く、入れ替えの際に設備投資が盛んになり、景気が良くなる。入れ替えの時期が終わると償却の時期に入り、景気が停滞していくという流れだ。

## クズネッツサイクル

20年前後で一巡するサイクル。クズネッツサイクルは、設備よりもさらに償却期間が長い建設物の需要と連動していると考えられている。つまり、建物の寿命が20年くらいであることから、建て替えの需要が増えるときに景気が良くなり、建て終わってから次の建て替えまでの間に景気が停滞しやすくなるということだ。

## コンドラチェフサイクル

50年前後で一巡するサイクル。コンドラチェフサイクルはさまざまな業界における技術革新と関連していると考えられている。わかりやすく言えば、人々の生活を大きく変えるような発明のことであり、例えば、自動車やインターネットなどがその代表的なものといえるだろう。

コンドラチェフサイクルをもとに、ざっくりと世界史を振り返ると、１８００年前後には蒸気機関が生まれ、１８５０年前後には鉄道が広がった。１９００年ごろには自動車の量産化が進み、１９５０年前後で原子力が生まれ、２０００年前後からインターネットが普及している。

## ヘゲモニーサイクル

各種サイクルの中でもっとも長い１００年で一巡するサイクル。世界のどの国が強い権力や影響力を持つかによって変わっていくサイクルで、「覇権サイクル」とも呼ばれる。

これも世界史との関連が強く、例えば、オランダが強かった時代↓イギリスの時代↓アメリカの時代などと振り返っていくとおおよそのイメージがつかめるのではないだろうか。直近では、１９００年代がアメリカ、２０００年をすぎてからはアジアの時代に入っているといえるだろう。個人的には将来的に日本が世界の中心になると考えている。

## 図表6　主な景気循環

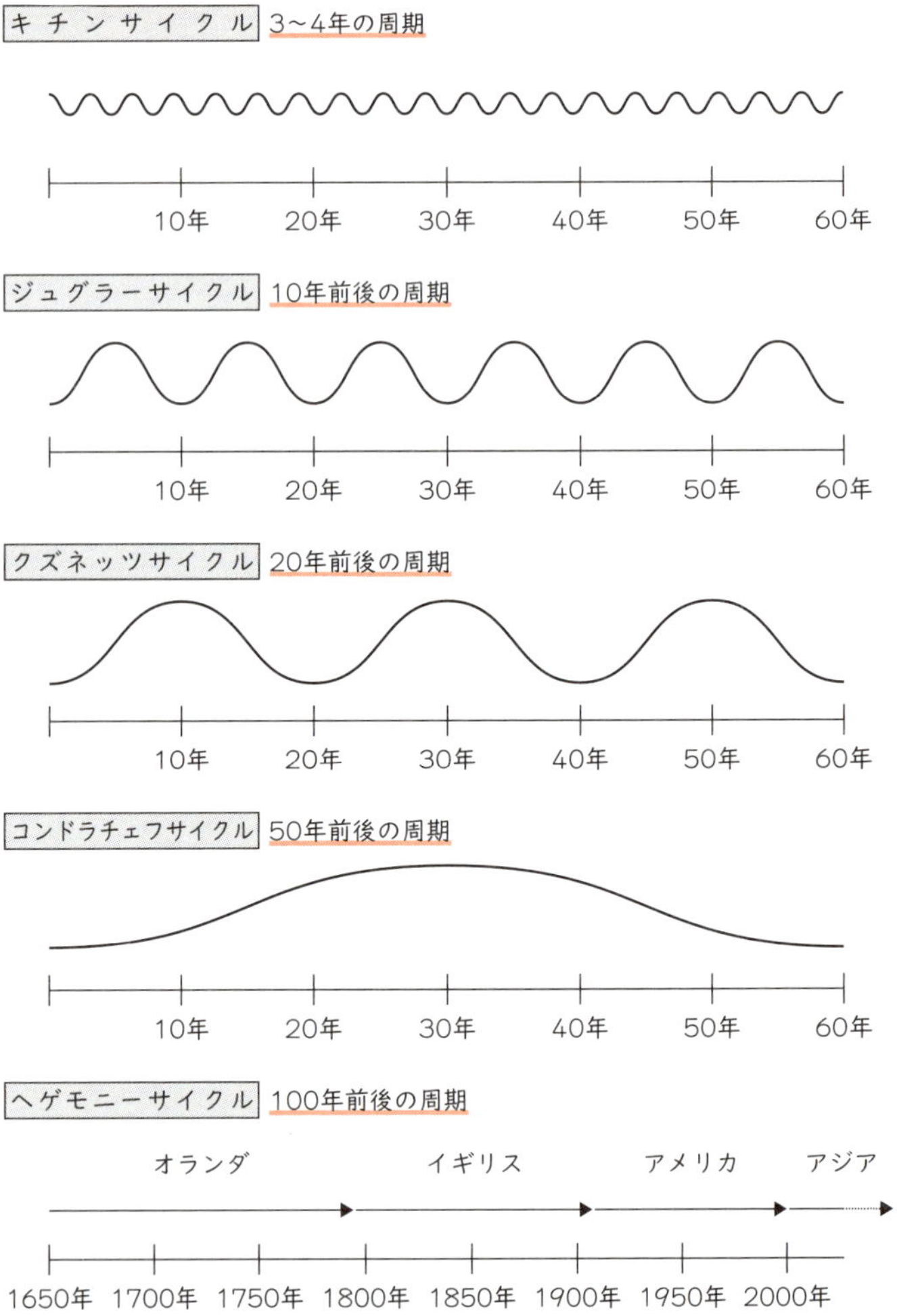


（出所）nikkei4946.comを元に作成（ヘゲモニーサイクルは編集部追記）

## 「年」と「初」は〝サイクル〟を意識して読む

さて、「○○年ぶり」と「初」である。

**世界や社会が動く背景にサイクルがあると考えると、「○○年ぶり」はサイクルが一巡したり、次のサイクルに入ったりしたことを示す転換点と読むことができるだろう**。

例えば、建設や不動産業界の業績が20年ぶりに好調なのであれば、これらの業界が低迷期から拡大期に転換した可能性が高いと考えられる。

実際、この2つの業界は失われた20年の間苦しんできたが、ここ数年は東京オリンピック開催の影響もあって景気が良い。20年周期のサイクル（クズネッツサイクル）を頭の中に思い描いていれば、次に値上がりしそうなセクターをある程度絞り込み、買う準備をしておくことができるのである。

「初」もサイクルに当てはめて考えてみると、何か新しい動きが誕生したことを表すサインと読むことができるだろう。

例えば、自動運転に関する初めての取り組みが始まる。国内の大手メーカーや商社などが、アフリカの国に初めて拠点を作る。そのような記事から、新たな需要が生まれたり、新たなマーケットが作られたりする兆しをつかむことができる。

海外に初の工場を作るなら、同業他社もその後に続き、設備投資や建設需要が増えるかもしれない。設備投資なら10年、建設なら大体20年のサイクルである。

ＩｏＴやＡＩといったテクノロジーを導入する企業が増えている場合、在庫管理に活用するなら３～４年サイクルだし、設備投資と捉えるなら10年だ。

これら技術によって人々の働き方や生活が大きく変わる可能性があるなら、50年のサイクルがこれからスタートするのかもしれない。

これらはほんの一例で「初」を伝える記事はたくさんある。

それがどのサイクルと結びつき、どんな変化を示唆しているか考えることで、投資先候補になりうるセクターや銘柄も選びやすくなっていくのだ。

## スーパーサイクルは起こりうるのか

1つ具体例を挙げよう。

半導体業界には「シリコンサイクル」という特有のサイクルがあるといわれる。サイクルの周期は通常、谷の「底」と「底」の感覚で測る。周期は4年前後で、在庫と連動するキチンサイクルに近い。

半導体は技術革新のスピードが早く、製品の入れ替えも短期化する傾向がある。そのため、その時々の主力となる製品に合わせて生産量や出荷量が変わるというのがこのサイクルの背景である。

一方、ここ数年でスマートフォンが爆発的に普及した。また、ＩｏＴ、ＡＩといった新たなテクノロジーにも注目が集まるようになった。

そのような変化を受けて、半導体業界では「スーパーサイクルに入った」という論が出てきた。スーパーサイクルは既存の周期を無視して継続的に上昇していく流れのことである。浮き沈みせず、一方的に上がっていく状態といっても良いだろう。

果たしてそんなことが起こりうるのだろうか。

私は起きないだろうと思っている。

上がり続ける株がないように、ずっと好業績が続く業界もないと思うからだ。

そんなことを思いつつ半導体業界の動向を気にかけていたら、それを裏付けるような記事が載った。

## 【記事16】『半導体祭りの「終祭」宣言』（2018年7月3日）

記事の内容は、半導体業界がスーパーサイクルに入ったという期待が高まっている一方、スマホなどの需要が減っているというものだ。

「スーパーサイクルなのか」「ずっと好況が続くのか」と思うかもしれないが、よく調べてみたらやはり既存のサイクルに収まったという話である。このことからもわかるように、サイクルを外れて値動きするケースが絶対ないとは言い切れないが、ほとんどないのである。


【記事16▷POINT】①クレディ・スイス証券はアジアの半導体市場の調査を踏まえ「NAND祭りの閉祭宣言」というリポートを出した。②株式市場では、3～5年で好不況を繰り返す半導体市況の変動が変わり、好況が長く続く「スーパーサイクル」に入ったとの期待がこの数年高まっていた。③直近ではスマートフォン向けの需要が減り、生産の歩留まりも良くなったことで需給が緩んでいるという。

むしろ売買のタイミングを考える際にはサイクルを意識することが重要で、現在の株価がサイクルのどの位置にいるか踏まえることで、高値づかみを避けることができ、高値で売り抜くこともできるようになるのだ。

## サイクルを見て売買のタイミングを考える

では、サイクルの周期はどのように見れば良いのだろうか。

引き続き半導体を例にすると、シリコンサイクルが４年周期なら、２年かけて上がり、２年かけて下がると考えられるだろう。

それを踏まえて、半導体業界の動きを見てみる。


例えば、半導体関連銘柄の値動きを表すＳＯＸ指数（フィラデルフィア半導体株指数・半導体主要銘柄の平均株価指数）は、２０１６年ごろから上昇が始まった。

そこから2年が上昇期間と考えると、ピークは18年である。

実際、16年から18年まで指数はほぼ一直線で上がっている。また、直近の値動きで見ても18年の年初がピークとなっている。

ということは、ここが売り時である。

半導体業界が好況であることを伝える記事がたくさん出ていたとしても、サイクルを踏まえるなら売りが正解だということだ。

過去の値動きがわかるチャートがあるなら、底打ちした時期を見て周期のパターンを探ることもできるだろう。

例えば、

**【記事17】『半導体装置　今年の世界出荷額　17年ぶり最高6・3兆円』**（2017年12月13日）

である。記事に載っている「半導体製造装置の出荷額」を辿っていくと、92年、98年、2002年、2009年、2013年が底になっている。それぞれの間隔は、6年、4年、

【記事17▷POINT】①半導体製造装置の世界市場（出荷額）が17年ぶりに過去最高を更新する。②メモリーの増産投資が堅調で、18年も前年比7.5％増を見込む。③東京エレクトロンなど装置各社は工場増強に動き始めている。

## 図表7　半導体製造装置の出荷額と次の底の予想

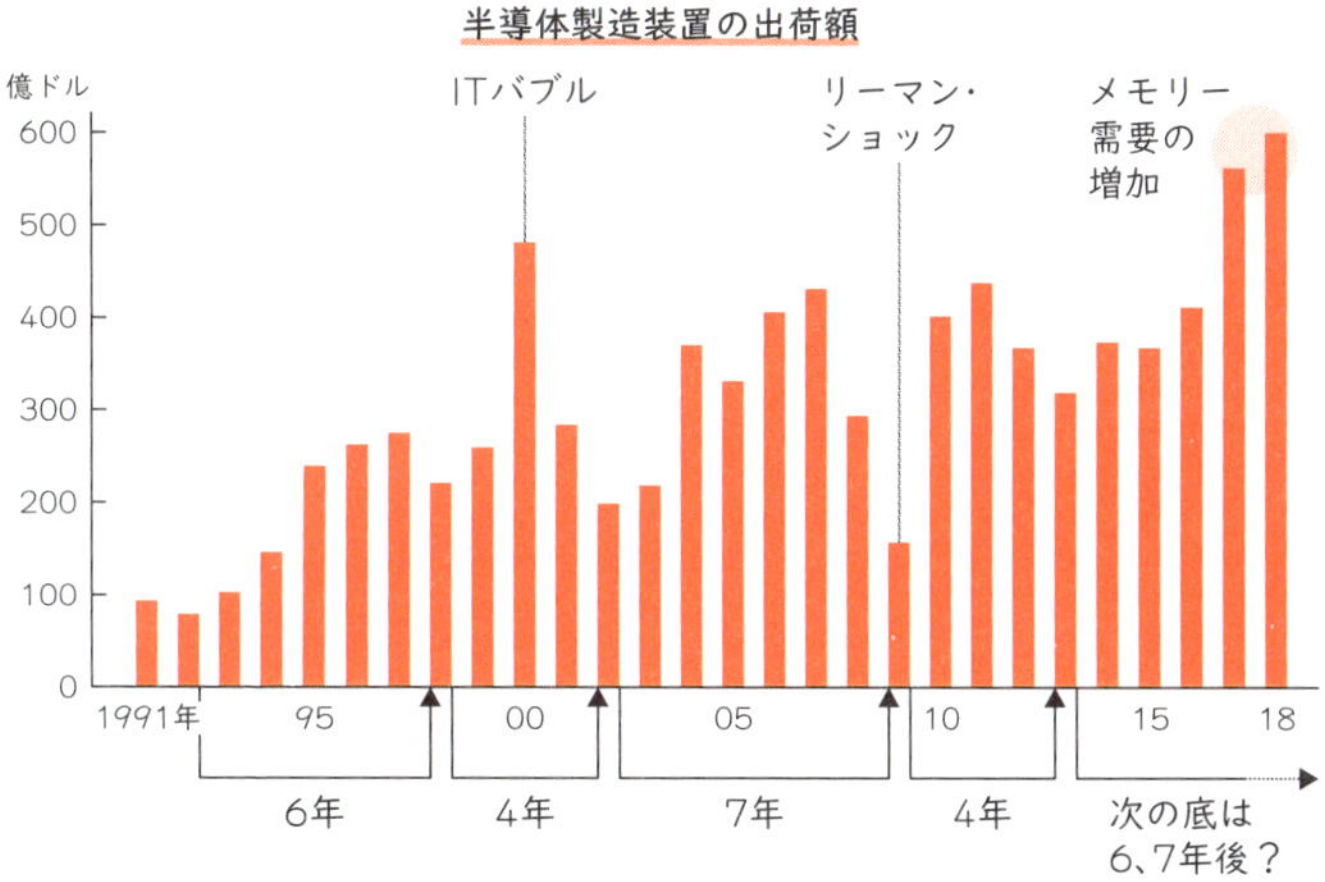


※17年以降は予測　（出所）2017年12月13日 日本経済新聞朝刊より作成

7年、4年だ。

このリズムで考えると、「次の底は2013年から6、7年後だな」と見ることができる。つまり、2017年くらいがピークとなり、2019〜2020年くらいに底になるだろうと考えられるわけだ。

**そのようなイメージを持っておくと、買わないほうが良い時期もわかるし、売り時もつかみやすくなる**だろう。

株価は需給で動くことも多いため、天底をピタリと当てることはできないが、今がサイクルのどの状況にあるのか知るのは大事なことだ。

サイクルはテクニカル分析の話で、この分野では株価チャートの分析がクローズアップされがちだが、私はチャートよりもサイクルが大事だと思っている。「○○年ぶり」や「初」の記事を読み解いていく際も、ベースとしてサイクルがどうなっているかを踏まえることが大事なのだ。

## サイクルがあるから過去から学べる

技術革新を背景として半導体業界が沸いたのは今回が初めてではない。

ＩＴバブルのときも関連銘柄が軒並み上がり、スーパーサイクルだと期待されたことがあった。２０００年ごろの話である。

マジ読みを続けていると、たまに「この話、どこかで読んだな」と感じることがある。「歴史は繰り返す」という言葉があるように、経済のようにサイクルで動いているものは定期的に同じことが起きる。

過去から学ぶ、過去を生かすという点で、マジ読みは長く続けるほど投資の役に立つ機会が増えていくのだ。

さて、半導体の話だ。

ITバブルのころによく耳にしたのが、「アナログからデジタルになる」「あらゆるものがデジタル化される」という話だった。それからの20年でデジタル化されたものは多いため、その点から見れば間違いではない。当時は

**【記事18】『シリコンサイクル崩壊？　旧世代品フル稼働』**（2000年5月18日）

という記事も載った。

ただ、株価が上がり続けることはなかった。

「デジタル化だ」「IT化」だという声が広がったときがピークとなり、バブル前の水準まで戻っていく。

関連銘柄の代表格である東京エレクトロンを見ても、2000年がピークで、そこから長期間停滞する。市場では「ここから株価が倍になる」「もっと上がる」という人もいたが、実際は逆だった。

【記事18▷POINT】①携帯電話のほか、テレビやチューナー向けに半導体の注文が殺到している。②自動車向けの需要も拡大。③「好不況の波であるシリコンサイクルに悩まされなくなる」という楽観論も業界ではささやかれる。

## 図表8　過去の記事から学ぶ

# シリコンサイクル崩壊？

## 旧世代品フル稼働

ＤＶＤプレーヤーは半導体市場の新しいけん引役（東京・西新宿のヨドバシカメラ）

るのがこれまでのパターン。だが、今回は四—六インチウエハーやｉ線型ステッパーといった旧世代品の受注が伸びている。

背景にあるのがデジタル技術の進展による半導体需要のすそ野の拡大だ。「パソコンに加えて、携帯電話や通信機器、デジタル家電、ゲーム機、自動車など半導体市場のけん引役が多種多彩になっている」と三菱電機取締役の長沢紘一・半導体事業本部長は指摘する。

**デジタル化が後押し**

パソコン向け半導体の主役であるＤＲＡＭ（記録保持動作が必要な随時書き込み読み出しメモリー）やＭＰＵ（超小型演算処理装置）には、常に最先端の半導体技術が求められる。しかしデジタル家電や通信機器などでは、最先端ではない部品や技術でも十分に機能を満たせる場合が多い。性能と価格を相対評価して採用される。「安い」旧世代品の出番だ。

代表格が電子機器の中でのいわば「ネジ」「クギ」の役割を果たす個別半導体（ディスクリート）。ＮＥＣでは携帯電話のほか、テレビやチューナーなど向けに注文が殺到。「例年なら全体の設備投資額の二割にも満たなかったが、今年度は三割を超える四百億円程度を計画している」と奥野和雄・個別半導体事業本部長は話す。

アナログからデジタルへの技術革新も、半導体需要を押し上げる。ＶＴＲに置き換わるＤＶＤ（デジタル多用途ディスク）ビデオ再生機（プレーヤー）や、インターネットへの接続機能を備えた冷蔵庫などでは、多種多様な半導体を使う。

**自動車向けが拡大**

自動車ではトヨタ自動車のセルシオクラスの高級車なら約六十個、カローラクラスでも三十個程度のマイコンが使われる。高度道路交通システム（ＩＴＳ）が本格化すれば、さらに半導体の搭載量は増える。米ハイテク調査会社のデータクエストの予測では九九年に二億ドル程度だった自動車向け半導体の市場規模は二〇〇三年に十一億ドルを超える。

「これからは（好不況の波である）シリコンサイクルに悩まされることはなくなるだろう——」。半導体があらゆる電子機器に多数組み込まれるようになったことで、これまで三—四年おきにほんろうされてきた半導体不況の影響を軽減できる。そんな超楽観論すら業界に出始めている。

2000年5月18日　日本経済新聞朝刊

スーパーサイクルが期待されたが、実際には同年に東京エレクトロンが最高値をつけるこれは業界や業績の良し悪しに関する話ではない。会社が悪いわけでもない。東京エレクトロンに限らず、**あらゆる銘柄がサイクルの影響を受ける**。そのことを頭に入れておくことが大事なのだ。

この話を踏まえて現状を見ると、巷では「ＩｏＴだ」「自動運転だ」といった期待が高まっている。いずれも大量のデータを処理する仕組みであるため、サーバー関連やクラウド関連にも注目が集まっている。

過去を参考にするのであれば、これは２０００年当時の状況とほとんど同じだ。期待は高まっているがサイクルで見るとピークである。

**株に絶対はないが、サイクルが下向きつつある銘柄を買うのは、私はリスクが大きい**と思う。

ちなみに、世の中で話題になったタイミングが株価などのピークになるというのも投資の世界でよくある話である。

例えば、東京オリンピックに向けて都市部の地価が上がっている。前述した記事にあったように、ボーナスも増えている。そういうニュースが自然と耳に飛び込んでくるようなときが、景気のピークになったりするのである。

## 図表9　東京エレクトロンの株価サイクル

東京エレクトロン(8035)の株価サイクル

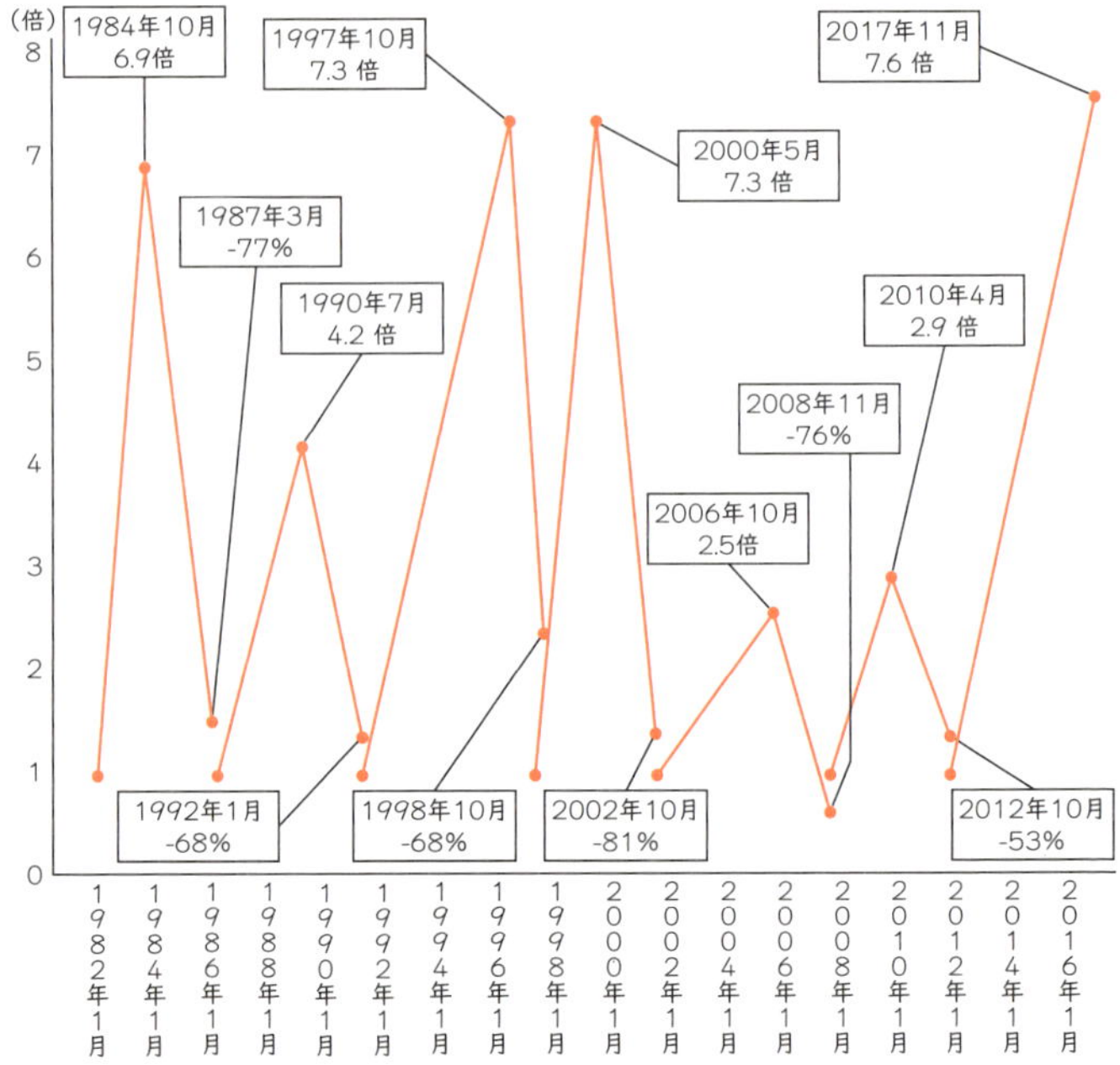


| | 始点(前回安値) | 高値 | 上昇期間(月) | 安値から上昇倍率 | 安値 | 下落期間(月) | 高値から下落率 | 合計(月数) |
|---|---|---|---|---|---|---|---|---|
| 1 | 1982年4月 | 1984年10月 | 30 | 6.9 | 1987年3月 | 29 | -77% | 59 |
| 2 | 1987年3月 | 1990年7月 | 40 | 4.2 | 1992年8月 | 25 | -68% | 65 |
| 3 | 1992年8月 | 1997年10月 | 62 | 7.3 | 1998年10月 | 12 | -68% | 74 |
| 4 | 1998年10月 | 2000年5月 | 19 | 7.3 | 2002年10月 | 29 | -81% | 48 |
| 5 | 2002年10月 | 2006年10月 | 48 | 2.5 | 2008年11月 | 25 | -76% | 73 |
| 6 | 2008年11月 | 2010年4月 | 17 | 2.9 | 2012年10月 | 30 | -53% | 47 |
| | 平均 | | 36 | 5.2 | | 25 | -70% | 61 |
| 7 | 2012年10月 | 2017年11月 | 61 | 7.6 | ? | ? | ? | ? |

(出所)複眼経済塾

2000年、2017年に共通して楽観論だったときに、株価は史上最高値をつけている。過去の株価サイクルから「楽観の極みは最高の売り時」だったという事実が学べる。

# 第3章

# 日経新聞マジ読み術②

## データ（数字）に注目する

## ↓マーケット規模を知る

## 業績も株価もマーケット規模に影響を受ける

第2章で解説した見出しをきっかけにして変化や転換点を捉えていくと、投資先として魅力的なセクターや銘柄が見えてくる。

その次のステップとなるのが、投資先候補にした銘柄などが、どんな市場で、どんな業績を挙げているか見ていくことだ。

変化をつかみ、マーケットを把握し、景気の方向性を見る。本章では2つ目の「マーケットを把握する」について考えていこう。

実は、投資家の中にはこの部分を飛ばしてしまう人がいる。

「最高益」「上方修正」といった情報を見て、すぐに飛びついてしまう人などがその典型といえるだろう。

もちろん、業績は重要だ。株主目線で見て、最高益が出るのは喜ばしいことだし、上方修正で株価が跳ね上がることもある。

ただし、**それよりも重要なのは、最高益や上方修正が出た企業のマーケット規模を知ることだ**。

仮に最高益が出たとしても、市場そのものが小さければ大きな成長は望めない。上方修正が出たとしても、業界全体が低迷しているとしたら株価の上昇も限定的になるだろう。

そのリスクを避けるために、日々、紙面からマーケットデータをとってくる。数値に注目するマジ読みにより、**市場規模を捉える感覚を磨いていくことが大事**なのだ。

## 表面的な数字にとらわれてはいけない

マーケット規模という言葉にいまいちピンとこない人もいるかもしれない。

具体的に考えてみよう。

例えば、国内の個人消費が5％伸びたとする。

一方、住宅投資は20％伸びたとしよう。

さて、GDPに与える影響はどちらの方がどれくらい大きいだろうか。

5％と20％という数字だけを比較すると住宅投資の方がインパクトが大きいように見える。5％の記事を見たときより、20％の記事を見たときの方が景気が上昇しているようなイメージを持つかもしれない。

しかし、GDP全体の構成比率を見てみると、個人消費（民間最終消費）が56・3％と半分以上を占めているのに対し、住宅投資（民間住宅投資）は3・0％しかない。

ということは、個人消費が5％伸びるとGDPは2・8％上がるが、住宅投資が20％伸びてもGDPは0・6％しか上がらないという計算になる。

つまり、個人消費が5％伸びる方が景気への影響力が明らかに大きく、景気を知るための情報としても重要性が高いといえるのだ。

**個別企業を見る場合も同じだ。単純に業績だけで比較するのではなく、それぞれの企業の業界や市場の規模を踏まえる。**

例えば、A社の業種が市場規模1兆円、B社の業種が市場規模10兆円なら、規模が大き

## 図表10　なぜ「マーケットデータ」が重要なのか

Q：個人消費が5％伸びるのと、住宅投資が20％伸びるのでは、どちらがGDP全体に与える影響が大きいか？

2017年度実質GDP構成比（兆円、構成比）

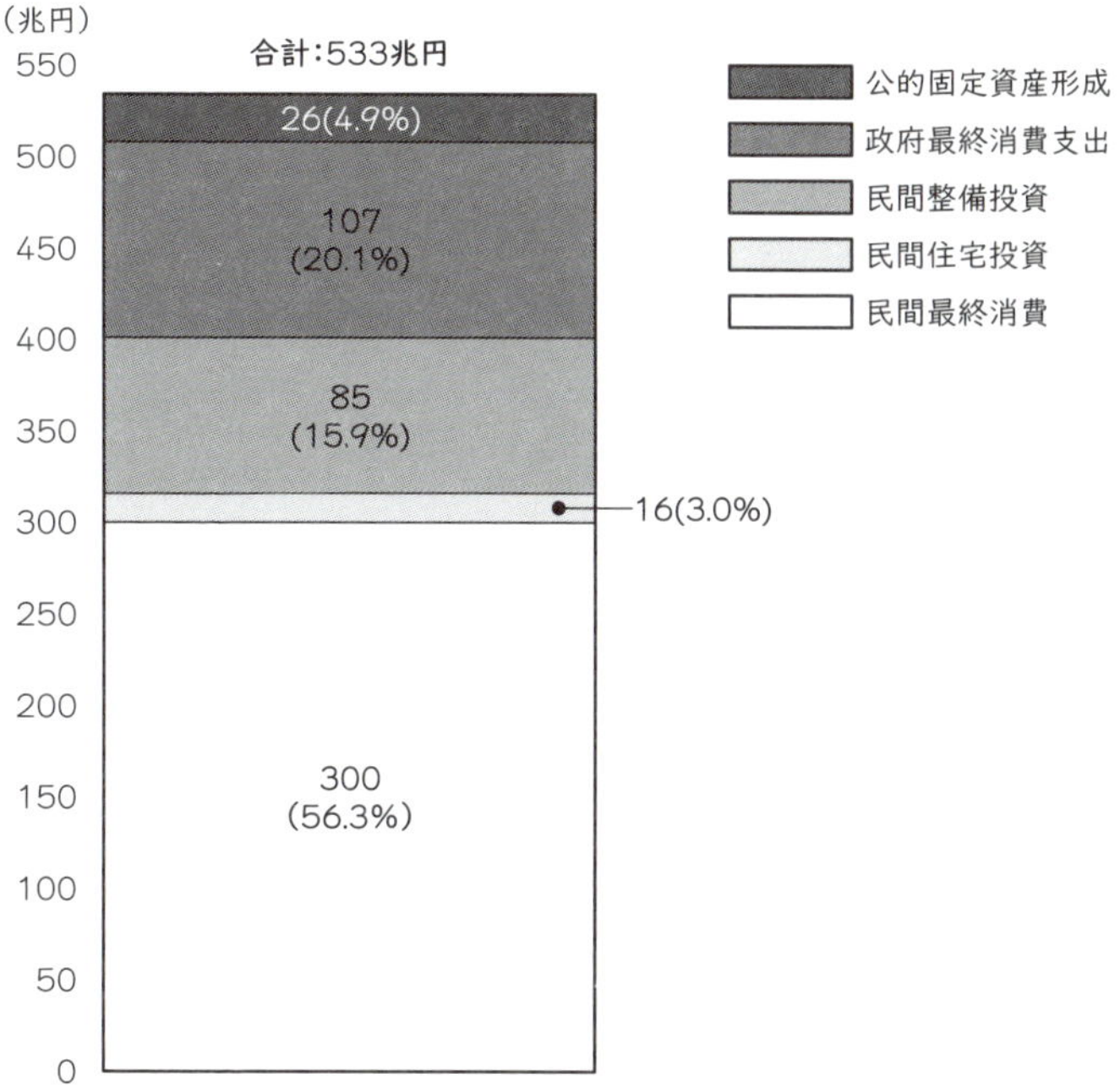


（出所）複眼経済塾

各要素の伸び率（％）×構成比（％）＝全体に与える影響（％）

◆個人消費5％×構成比56.3％≒ **2.8％**

◆住宅投資20％×構成比3.0％≒0.6％

→個人消費の増減が全体に与える影響の方が明らかに大きい

いほど会社の伸びしろも大きくなるだろう。

A社の業績が大幅に伸びたとしても、市場規模が小さければ利益も伸びにくく、株価に与えるインパクトも小さくなってしまう。

そのような視点を持っておくと、業績などに関する記事の読み方も変わってくる。

投資先の選別では、つい業績や指標、チャート上の値動きといった細かなところに目がいってしまいがちだ。

しかし、会社の利益はマーケットから生まれる。

枝葉末節《しようまつせつ》な部分にとらわれないようにするためにも、個別企業に関する情報をうまく活用するためにも、マーケットに関するデータを集め、マーケットを知ることが重要なのだ。

## 世界経済の状態を知ることが大事

では、実際に数値を見ていくことにしよう。

マーケットデータを見るポイントは2つある。

1つ目は、世界、日本、業界、個別銘柄といったマーケットの大きさを意識しておくことだ。

**マーケットデータの重要性は、マーケットの大きさに比例する**といっても良い。

つまり、規模がもっとも大きい世界のマーケットデータがもっとも重要で、以下、日本市場のデータ、業界のデータ、個別銘柄のデータという順番になるということだ。

なぜ世界のマーケットデータが重要かというと、世界のマーケットが土台だからである。その土台の上に日本市場があり、各業界のマーケットがあり、個別銘柄が乗っかっている。

そのため、土台が安定していれば日本市場の景気も良くなりやすいし、各業界の指数もよくなり、個別銘柄も値上がりしやすくなる。

逆に土台である世界が不景気ならどうなるか。

日本市場の景気も低迷しやすくなる。仮に個別の業界や企業が好況でも、世界が不景気だと買い手が減ってしまうため、値上がりしにくくなり、値下がりしやすくなるのだ。

また、日本市場で株を売買しているメインプレーヤーが外国人であるという点も押さえておく必要があるだろう。

不動産、建設、インフラ、地銀などの銘柄は、一見、海外市場との連動性が薄そうに見える。しかし、重要なのは「誰が買っているか」であり、外国人が買わなければ株価も下がりやすくなる。

外国人投資家の本国で景気が悪くなったらどうなるか。資金調達のため、保有している日本株を売ることもあるだろう。その結果、内需株といわれている銘柄でも値下がりすることがあるのだ。

また、前章でも少し触れたが、内需株の代表的なセクターである食品メーカーの中には、海外拠点を持つ会社があり、海外での売り上げを伸ばしている会社もある。

インバウンド関連も内需株だが、海外の景気が悪ければ訪日外国人の数が減り、悪影響を受けるだろう。

つまり、どの銘柄を買うにしても世界経済の動向は株価に影響する。

土台となっている世界のマーケットデータを把握することが、投資先の選択や売買のタイミングを考える際の基礎的な情報になるのである。

## 数値を踏まえてお金の流れをイメージする

世界のマーケットデータを伝えている記事には、例えば、次のようなものがある。

**【記事19】『国連の開発目標と知財　関連技術、特許で可視化を』**（2018年5月4日）

この記事は、昨今のテーマ株の1つとなっているSDGs関連のものだ。

注目したいのは、「SDGs関連ビジネスの市場規模は約12兆ドル（約1300兆円）」という点だ。テーマ株のマーケット規模をしっかり計算してくれているのだ。

記事の試算によると、17個の中でもっとも規模が大きいのは「エネルギーをみんなにそしてクリーンに」であり、要するに、再生可能エネルギー関連である。規模が大きければ、その中で成長する企業も利益を伸ばしやすい。

その次に大きい「産業の技術革新の基盤をつくろう」は、AI、IoT、RPAといっ

【記事19▷POINT】①国連が採択したSDGs（持続可能な開発目標）を無視してはビジネスができない時代が迫りつつある。②SDGsは30年を期限とする17個（169のターゲット）の全世界共通の目標。③SDGsの各目標に関連した特許を容易に検索して抽出できる（「見える化」する）仕組みを世界に先駆けて構築し、世界に標準として提案すべきという筆者の主張。

## 図表11　SDGs各目標の市場規模試算(2017年)

(兆円)

| | | |
|---|---|---|
| 1 | 貧困をなくそう | 183 |
| 2 | 飢餓をゼロに | 175 |
| 3 | すべての人に健康と福祉を | 123 |
| 4 | 質の高い教育をみんなに | 71 |
| 5 | ジェンダー平等を実現しよう | 237 |
| 6 | 安全な水とトイレを世界中に | 76 |
| 7 | エネルギーをみんなにそしてクリーンに | 803 |
| 8 | 働きがいも経済成長も | 119 |
| 9 | 産業と技術革新の基盤をつくろう | 426 |
| 10 | 人や国の不平等をなくそう | 210 |
| 11 | 住み続けられるまちづくりを | 338 |
| 12 | つくる責任つかう責任 | 218 |
| 13 | 気候変動に具体的な対策を | 334 |
| 14 | 海の豊かさを守ろう | 119 |
| 15 | 陸の豊かさを守ろう | 130 |
| 16 | 平和と公正をすべての人に | 87 |
| 17 | パートナーシップで目標を達成しよう | - |

(出所)デトロイトトーマツコンサルティング「SDGsビジネスの可能性とルール形成」

外務省のサイトでは、イトーキ、ヤフー、パナソニックなど、17のゴールに向けた各社の取組事例が紹介されている。
(参考:https://www.mofa.go.jp/mofaj/gaiko/oda/sdgs/index.html)

たIT関連の新技術のことだ。マーケット規模で見るなら、この分野の関連銘柄も注目した方が良い。**この記事1つ見るだけで、世界のお金がどんな分野に向かっているかがイメージしやすくなる。**そのイメージを持つことが、投資先セクターの選別や判断にも役立つのだ。

## 規模を知り、変化を追いかける

**【記事20】『17年熱狂なき世界株高　時価総額21％増』**（2017年12月30日）

これも世界のマーケット規模を表している記事で、世界30カ国以上の国で株価指数が最高値を更新したことを伝えている。

要するに世界的に景気が良いということである。景気が良ければ株は買われる。

この記事では、債券、原油、金なども買われ、あらゆる資産が値上がりしたと書かれて

【記事20▷POINT】①2017年は世界30カ国以上の株価指数が最高値を更新。世界株の時価総額は84兆ドル（9500兆円）と1年で15兆ドル（21％）拡大した。②株高の最大の理由は世界同時好況と低金利の併存。③「マネーのうたげ」を支えたのは、世界の中央銀行の金融緩和。

いる。

また、マーケットデータの収集では、似たようなデータを継続的に集め、規模がどのように変化しているか知ることも重要だ。

例えばこの記事では、本文内に「世界株の時価総額は84兆ドル」「１年で15兆ドル拡大」といった数字が出てくる。

84兆ドルは、だいたい1京円、15兆ドルは１７００兆円くらいである。

つまり、１年前と比べ、世界の株の総額は１７００兆円ほど膨らみ、１京円になったということだ。

このデータが頭に入っておけば、来年も同様のデータが出るだろうから、世界経済が１年間でどのように変わったかがわかる。

好景気が続いているかもしれないし、後退しているかもしれない。そのような**変化をつかむための基準値として、今のデータを押さえておくことが重要**なのだ。

## 図表12　世界経済のデータを把握する

【記事20】

# 17年 熱狂なき世界株高

## 時価総額21%増

2017年は金融緩和であふれるマネーがあらゆる資産に流れ込んだ。世界30カ国以上の株価指数が最高値を更新。世界株の時価総額は84兆ドル（9500兆円）と1年で15兆ドル（21%）拡大した。債券や原油、金も同時に買われた。世界同時好況と低金利の併存が、市場の変動率が低水準で推移する「熱狂なき全面高」を演出した。だが市場の安定が永続しないのも事実だ。米欧の緩和策が出口に向かう中、超低位で推移してきた金利にリスクの芽が宿っている。

（関連記事3面に）

「どんな投資家も損失を出すのが難しかったんじゃないか」。アセットマネジメントOneの武内邦信氏は17年の日本株相場をこう振り返る。

## 金利急騰 リスク常に

年内の取引最終日となる29日の日経平均株価は2万2764円で取引を終えた。年間の上昇幅は3650円（19%）に達し、年末終値としては1991年以来26年ぶりの高値水準を回復した。

### 安全資産も上昇

世界に目を移せば、今年の株高の勢いは日本市場を大きく超えた。ダウ工業株30種平均が年間で約70回最高値を更新した米国を筆頭に、英国、ドイツ、インド、南アフリカ、アルゼンチンなどが次々と最高値をつけた。

株高の最大の理由は世

2017年12月30日　日本経済新聞朝刊

記事からは次の2つのデータがわかる

❶世界株の時価総額は84兆ドル（約1京円）

❷1年で15兆ドル（約1700兆円）拡大

↓

**翌年以降、同様のデータを見たときに、世界経済がどの程度変化したのかがわかる**

# データを2種類に分ける

データを見る2つ目のポイントは、いろいろある**マーケットデータをストックデータとフローデータに分ける**ことである。

ストックは蓄えや貯蔵を意味する言葉で、その時点での保有・保管されている量のことを指す。

一方のフローは流れのことで、一定期間に取引された量を指すものだ。

前述した世界株高の記事でいえば、「世界株の時価総額が84兆ドル」というのがストックで、株式投資という大きな囲いの中にどれくらいのお金が貯まっているかを表している。「1年で15兆ドル拡大」はフローだ。前年から現在までの間にお金がどう流れ、どれくらい増えたのかを表している。

ストックを表すデータとしては、現金預金の量、負債額、ある商品の保有量などが挙げられるだろう。

フローの例としては、生産量、流通量、販売量、消費量などがあり、貿易収支やＧＤＰなども毎年の変化や流れを表すデータであるため、フローに分類できる。

この２つは連動するデータで、フローがプラスならストックが増え、マイナスならストックが減る。

ただし、基本的には別の種類のデータと考え、切り分けて扱わなければならない。フローを見るだけではストックはわからず、逆にストックを見るだけでフローを語ることもできないのだ。

例えば、ある商品の販売量が前年より増えたという記事を読んだとしよう。販売量が増えれば保有者数も増えるため、フローの増加によってストックも増える。

しかし、フローのデータは一定期間に限定したものなので、来年のことはわからない。投資先候補として見るなら、この商品の市場そのものがどれくらいの規模なのかを把握する必要があり、そのためにはストックのデータを見なければならない。

そのため、新聞からデータを拾っていく場合も、まず記事が伝えている数字がフローなのかストックなのかというフィルターで分ける。

**フローはフロー、ストックはストックでデータを集めていき、その上でマーケットの規模や成長を分析していく**ということだ。

## マーケット規模を表すのはストックデータ

実際の記事を見てみよう。

【記事21】『**国富、16年ぶり高水準　16年末1・6%増、地価上昇**』（2018年1月18日）

これはストックデータである。

国富は、個人、企業、政府などが持つ資産から負債を引いた金額のことで、この記事は、国富が増え、リーマンショック以前の水準まで回復したことを伝えている。

【記事21▷POINT】①土地や住宅、工場などの資産から負債を差し引いた国全体の正味資産（国富）は2016年末時点で3350.7兆円と、15年末に比べ1.6%増えた。②企業の設備投資や公共投資で固定資産が10.1兆円（0.6%）増えたほか、対外純資産も経常収支の黒字などを受けて9.9兆円（2.9%）増えた。③国民総資産は2.9%増の1京496兆円、負債が3.5%増の7146兆円となり、ともに過去最大だった。

【記事22】『マネー膨張躍らぬ経済　世界のカネ１京円、10年で７割増』（２０１７年11月14日）

この記事には、世界で流通するドルの量（ワールドダラー）が約６・９兆ドルであることや、２０１６年の通貨供給量が87・９兆ドルで、世界のＧＤＰ総額より16％多いことなどが書かれている。これらもストックデータだ。

世界経済の中でドルがどれだけの力を持っているか。

経済活動から生まれる付加価値と通貨の供給量がどんな関係性になっているか。

そのようなことをイメージしながら読んでいくと、世界で供給されている通貨の規模感が捉えやすくなるだろう。

【記事23】『空前のカネ余り　世界翻弄』（２０１７年11月14日）

これもストックデータを含んでいる記事で、本文内には、日米欧の企業の貯蓄が合計50兆円となると書かれている。

【記事22▷POINT】①世界のドルの量を示す「ワールドダラー」は17年10月末で約6.9兆ドル（約785兆円）。10年で3.4倍。②世の中に出回る現金に預金などを足した世界の通貨供給量は、実体経済の規模を上回るペースで膨らんでいる。③起点はリーマン危機後に主要中央銀行が推し進めた金融緩和策。

企業がお金を持っているので、銀行が金利を下げても借りる人が増えない。結果、金利はどんどん低くなり、過去500年の中でもっとも低水準になっているという話である。

このような記事を読んでいくと、なんとなくかもしれないが「世界にお金が余っている」「余ったお金を持て余している」といったイメージが湧いてくるだろう。

個人や企業はお金を持っている。そのお金をどう扱っているのだろうかと考えると、前述した世界株高の記事ともリンクする。

そのようなイメージを基礎情報として頭に入れておくことが大事だ。

記事の見出しにも「空前のカネ余り」とストレートに書かれているが、お金がダブついていることを前提にして考えることで、今後の経済の動きについても見通しが立てやすくなるのだ。

ちなみに、新聞は日々の出来事を伝えるメディアであるため、フローデータの方が多い。売上高や販売量などに関する数字もよく載っているため、見つけやすいだろう。

一方、ストックデータにはあまりニュース性がなく、新聞に載る機会が少ない。

【記事23▷POINT】①世界経済は空前の低金利とカネ余りに向き合う未知の局面を迎えた。②1619年にイタリアの都市国家ジェノバで付けた金利の最低記録を1990年代後半、日本が更新。そこから世界は低金利時代に突入した。③世界的な低金利で、投資のための借金の利払い負担は軽く、投資利回りから利払いを引いた最終利回りは、まだ投資魅力があると考える投資家が多い。

時期的には、年末年始や年度末の前後によく載る傾向があるので、その時期を中心に探してみると良いだろう。

## フローデータで業界や企業の勢いを見る

次にフローデータを見てみよう。

【記事24】『インド車市場　独を抜く　昨年４００万台、中米日に次ぐ』（２０１８年１月12日）

これはインドの新車販売台数に関する記事で、フローデータである。

記事の内容は、インド内での販売台数が４００万台に伸び、中国、アメリカ、日本に次ぐ世界４位の規模になったというものだ。

【記事24 ▷ POINT】①インドの2017年の新車販売台数は401万台となり、ドイツを抜き世界４位に浮上した。②インド市場は今後も年率１割近い成長が続き、20年にも日本を抜き世界３位に浮上する。③全体の８割を占める乗用車では、最大手マルチ・スズキが前年比15％増の160万台超となりシェアは49.6％と前年より2.6ポイント高まった。

この記事の読み方としては、まずインドの市場が成長しているという内容であるため、関連企業の業績も伸びるだろうと期待できる。記事内にもスズキ（マルチ・スズキ）という企業名が出てくるが、自動車が投資先候補として有望なセクターであることもわかる。

フローの視点で見ると、スズキのシェアが前年より2・6ポイント高まり、49・6％になったという点が重要といえるだろう。

インドでは年間400万台新車が売れている。

インドの人口は日本の約10倍だ。日本では約500万台が売れていることを考えると、インドは若い人の比率が大きい経済成長中の国であるから、理屈的にはこの数字が今後10倍以上の5000万台くらいまで膨らむ可能性もある。

仮にそうなったとき、スズキはどうなるか。

シェア50％を維持したとしたら、年間2000万台くらい売ってしまうかもしれない。

国内最大手のトヨタ自動車でも、世界での販売台数は1000万台ほどだ。

そのデータと紐づけて考えると、スズキがひたすら右肩上がりで伸びていくイメージがより具体的になってくるのだ。

データに注目しなければ、もしかしたらこの記事も「インドの経済成長はすごいなあ」

## 図表13　記事から企業の将来性を見抜く

【記事24】

# インド車市場　独を抜く

## 昨年400万台、中米日に次ぐ
## 新興国、世界をけん引

【ムンバイ＝早川麗、北京＝多部田俊輔】世界の自動車市場で新興国が台頭している。インドの2017年の新車販売台数は401万台となり、ドイツを抜き世界4位に浮上した。20年にも日本を抜くとみられる。世界最大の中国市場では17年、電気自動車（EV）などの販売が約5割伸びた。**新興国の自動車市場（3面きょうのことば）**は台数増加だけでなく技術革新でも世界の主戦場となりつつある。

インド自動車工業会（SIAM）が11日発表した17年12月の販売は前年同月比14％増の32万2074台だった。17年通年は前年比10％増の約401万台となり過去最高を更新した。

インドの人口は世界2位の約13億4000万人で若年層比率も高い。英IHSマークイットの予想ではインド市場は今後も年率1割近い成長が続き、20年にも日本を抜き世界3位に浮上する。

インドの自動車市場は10年で2倍になった。背景には経済成長に伴う所得の拡大がある。世界銀行によるとインドの16年の1人当たり国内総生産（GDP）は約1700ドルで07年（約1020ドル）に比べ7割増えた。

中国で車の需要が爆発的に伸びたのは1人当たりGDPが3000ドルを超えてから。インドは3000ドルに満たないものの、農村部を中心に増えている初めて車を買う層が全体の約3割を占めるとされる。

全体の8割を占める乗用車では、最大手マルチ・スズキが前年比15％増の160万台超となりシェアは49・6％と前年より2・6ポイ高まった。

インドでは14年のモディ政権発足以来、16年度（16年4月～17年3月）まで実質GDPは7％台の高成長が続いた。17年度は新税導入の影響などで5～6％台の成長率にとどまったが、18年度は成長率が高まるとの見方が強い。インフレ率も足元で1～4％台の低水準で推移しており消費者の購買力が高まっている。

ただ道路の整備が追いつかず首都ニューデリーなどでは渋滞が慢性化している。今後の成インフラの整備がなる。

一方、中国汽車会は11日、17年の売台数が前年比3増の2887万8台だったと発表しIHSマークイッ想では17年の世界販売台数は94台。中印2カ国で売の3分の1を占

中国ではEVをする新エネルギー・3％増の77万7大きく伸びた。北海などの大都市が和のためにナンバーの発給制限をており、ナンバートを取得しやすい車の購入に向かう

| 主要国の新車販売台数（2017年） | | 販売台数（万台） | 前年比（%） |
|---|---|---|---|
| 1位 | 中国 | 2887 | 3 |
| 2 | 米国 | 1723 | ▲2 |
| 3 | 日本 | 523 | 5 |
| 4 | インド | 401 | 10 |
| 5 | ドイツ | 385 | 3 |

（注）各国の政府機関や業界団体、調査会社のデータをもとに集計。▲はマイナス

2018年1月12日　日本経済新聞朝刊

- 2017年のインドでの新車販売台数は401万台
- 日本は523万台
- 人口が日本の約10倍あり、急成長中のインドでは、さらなる新車販売台数の伸びが期待される
- スズキが50％のシェアを維持できれば、将来的にスズキ1社で2000万台ほどの販売台数が期待できる

という程度の感想で終わってしまうかもしれない。

もう少し読んだとしても、せいぜい「スズキってインドで人気があるんだ」くらいで、次の記事に行ってしまうのではないか。

そこが、ただの流し読みとマジ読みの違いだ。

銘柄選択にほぼ直結する情報を読み流してしまうのはもったいない。それを避けるための有効な手段が、データに注目することであり、データをもとにして企業や株価の伸びを想像することなのである。

## 視点を変えて関連情報を増やす

視点を変えてみれば、さらに重要な情報も見えてくるだろう。

視点は、「はじめに」で説明した歯磨き粉チューブの見え方のことで、記事を読みながら、何が書いてあるか、自分がどう思うか、反対の考え方はあるかを考えるということである。先ほどの記事を３つの視点で読んでみよう。

**①記事には何が書いてあったか**

インドでスズキがシェア50％近く取っていると書いてあった。

**②記事を読んで、自分がどう思ったか**

インドの経済成長が追い風になれば、スズキの販売台数はさらに伸びる可能性があると思った。

**③反対の考え方はあるか**

これはいろいろ考えられるだろう。

例えば、「インドの経済成長が鈍化するかもしれない」と考える人がいるかもしれない。ブランド力や企業規模の面から見て、スズキがトヨタの販売台数を上回るのは非現実的と考える人もいるだろう。

そう思ったら、調べてみたら良いのだ。

インドの市場規模やインド人の自動車保有台数などに関するストックデータは、検索すればすぐに見つかる。

データを軸にしてマジ読みを継続していけば、収入の推移や経済成長の伸び率といったフローデータも見つかるはずだ。

この記事の中だけでも、インドの自動車市場がこの10年で2倍になったことや、1人当たりGDPが07年から16年の間に7割増えたことなどが書かれている。

歴史を探ってみるのも良いアプローチだ。

スズキとインドの関係でいうと、もともとスズキは織機メーカーとしてスタートした会社で、戦前からアジアに織機を輸出していた。インドにもスズキの織機が普及しており、その土壌があったところに、オートバイや軽自動車で進出しているのだ。

そのようなつながりを考えると、スズキがインドで大きなシェアを持っていることにも納得がいく。

データとは直接的には関係しないが、**データをきっかけとして調査や分析を進めていくことで、投資判断の肉付けとなる情報が増えていくことも多い**のである。

## 違和感を感じるデータはないか

話を戻そう。

フローデータを見るだけでも投資先が見えてくることは多いが、重要なのは蓄積してきたストックデータと合わせてみることだ。

その視点から見ると、このインドの記事で注目したいのがアメリカだ。アメリカの新車販売台数は1723万台で、世界2位につけている。

しかし、前年比はマイナス2％だ。ここが重要なポイントなのだ。

ストックデータを見た限り、世界にはお金が余っている。通貨の世界では米ドルが強く、先進国では過去500年にない低金利時代でもある。

しかし、アメリカでは新車が前年より売れていない。

お金があり、低金利でローンを組めるにも関わらず、車が売れなくなっている。

ここに疑問や違和感を持つと、「もしかしたら景気が低迷しているのではないか」という発想も出てくるだろう。

株価の推移だけ見ると日本もアメリカも好調に見える。しかし、データから見るとそうとは言い切れない。そんな視点を持っていたら、利上げに関するこんな記事も目に留まったかもしれない。


**【記事25】『米欧、金融政策に転機　好況・慎重さ両立難しく』**（2018年1月9日）

これは「転機」という文字が見出しに入った記事で、まさに変化を示すものといえるだろう。

記事の内容としては、これまでの金融緩和政策が変わり、バブルの引き締めに向かっていくだろうという話が書かれている。

ストックデータを通じて世界的にカネ余りであることがわかり、自動車の販売状況を見て景気停滞の兆しを感じ取ることにより、世界経済という土台が揺らぎつつあるのではないかと感じ取ることができる。

巷では「景気が減速している」といった話もたまに耳にする。


【記事25▷POINT】①17年の世界株指数（ACWI）は年間で22％上昇し、09年（32％）以来の大幅高となった。②支えは「世界同時好況」と「慎重な金融政策の正常化」。③米金利上昇とドル高が進めば、資金流出とドル建て債務負担の拡大が同時に新興国を襲う。

しかし、この記事のデータを集計した２０１７年から18年にかけて、減速の兆しがすでに出ていると見ることもできるのだ。

## 年1回、予想と実績をまとめた記事が出る

では、国内のマーケットはどうなっているのだろうか。

１つ目のポイントに挙げた通り、マーケットを見て行く際には、規模の大きい順から見ていくのが良い。

世界についてはデータの面から景気減退の傾向が見えるとわかった。

次に見るのが、世界という土台の上にある日本のマーケットの状態だ。

そこで便利なのが、日経新聞が年に１回、５月中旬に出す業績集計の記事だ。

これは日経がまとめている情報の中でも特に重要なフローデータで、各業界の経常利益の平均がどのように変化するかを予想したものだ。

## 図表14　業績集計記事内の表

**上場企業の主要業種別連結業績動向**

（単位億円、カッコ内は前年同期比、前期比増減率、%、▲は損失または減少。上段は2018年３月期実績、下段は2019年３月期通期予想）

| 業種名 | 社数 | 売上高 | 経常利益 | 最終損益 |
|---|---|---|---|---|
| 食　品 | 68 | 141,520（ 3.4）<br>145,463（ 2.8） | 8,017（ 1.6）<br>8,367（ 4.4） | 5,384（ 3.1）<br>5,464（ 1.5） |
| 繊　維 | 34 | 52,809（ 6.8）<br>55,889（ 5.8） | 3,323（ 4.8）<br>3,502（ 5.4） | 2,209（▲0.7）<br>2,264（ 2.5） |
| パルプ・紙 | 15 | 46,062（ 5.4）<br>47,447（ 3.0） | 1,474（▲9.1）<br>1,879（ 27.4） | 802（▲19.0）<br>1,109（ 38.3） |
| 化　学 | 126 | 279,401（ 9.4）<br>295,722（ 5.8） | 28,965（ 23.6）<br>28,581（▲1.3） | 19,510（ 20.1）<br>19,294（▲1.1） |
| 医薬品 | 28 | 72,614（ 3.3）<br>72,403（▲0.3） | 10,584（ 5.3）<br>10,647（ 0.6） | 8,186（ 10.3）<br>8,313（ 1.6） |
| 石　油 | 7 | 171,809（ 31.1）<br>180,824（ 5.2） | 8,313（ 66.7）<br>7,768（▲6.6） | 6,159（ 96.0）<br>4,843（▲21.4） |
| 鉄　鋼 | 35 | 147,713（ 16.5）<br>155,004（ 4.9） | 7,745（ 88.4）<br>7,969（ 2.9） | 5,410（ 90.0）<br>5,729（ 5.9） |
| 非鉄金属 | 73 | 163,321（ 10.2）<br>169,456（ 3.8） | 9,969（ 24.6）<br>10,204（ 2.4） | 5,752（ 25.0）<br>6,513（ 13.2） |
| 機　械 | 139 | 259,100（ 9.8）<br>267,512（ 3.2） | 19,941（ 18.3）<br>22,357（ 12.1） | 13,740（ 28.1）<br>14,859（ 8.1） |
| 電気機器 | 143 | 761,648（ 8.1）<br>776,067（ 1.9） | 51,725（ 30.2）<br>57,682（ 11.5） | 39,862（ 2.8倍）<br>48,828（ 22.5） |
| 造　船 | 5 | 24,896（ 0.7）<br>25,285（ 1.6） | 232（▲45.9）<br>806（ 3.5倍） | ▲57（赤字転落）<br>430（黒字転換） |
| 自動車・部品 | 55 | 865,766（ 7.0）<br>867,145（ 0.2） | 66,693（ 13.2）<br>61,076（▲8.4） | 56,373（ 41.2）<br>44,727（▲20.7） |
| 精密機器 | 30 | 60,613（ 7.5）<br>62,728（ 3.5） | 6,442（ 34.3）<br>6,754（ 4.8） | 4,810（ 39.9）<br>4,908（ 2.0） |
| **製造業合計** | **855** | **3,176,481（ 9.0）<br>3,254,667（ 2.5）** | **232,729（ 21.2）<br>237,234（ 1.9）** | **174,537（ 49.8）<br>173,745（▲0.5）** |
| 建　設 | 85 | 264,376（ 4.7）<br>280,002（ 5.9） | 20,719（ 11.7）<br>19,373（▲6.5） | 14,065（ 11.4）<br>13,053（▲7.2） |
| 商　社 | 161 | 747,818（ 10.1）<br>778,913（ 4.2） | 37,528（ 27.1）<br>39,204（ 4.5） | 26,747（ 29.4）<br>28,244（ 5.6） |
| 小売業 | 67 | 132,410（ 3.6）<br>136,856（ 3.4） | 5,745（ 7.1）<br>6,253（ 8.8） | 3,187（ 2.8）<br>3,687（ 15.7） |
| 不動産 | 37 | 89,067（ 5.7）<br>96,379（ 8.2） | 10,617（ 7.3）<br>11,013（ 3.7） | 7,093（ 13.1）<br>7,408（ 4.5） |
| 鉄道・バス | 27 | 142,344（ 2.6）<br>145,293（ 2.1） | 19,102（ 4.2）<br>19,010（▲0.5） | 12,582（ 2.6）<br>12,633（ 0.4） |
| 陸　運 | 25 | 76,465（ 5.7）<br>79,254（ 3.6） | 3,304（ 9.1）<br>3,709（ 12.3） | 1,657（▲10.4）<br>2,299（ 38.8） |
| 海　運 | 10 | 53,437（ 11.7）<br>40,466（▲24.3） | 792（黒字転換）<br>1,023（ 29.2） | ▲0（赤字縮小）<br>867（黒字転換） |
| 通　信 | 16 | 282,961（ 3.4）<br>285,988（ 1.1） | 32,869（▲1.2）<br>32,686（▲0.6） | 26,462（▲9.0）<br>19,181（▲27.5） |
| ガ　ス | 7 | 39,220（ 11.1）<br>42,330（ 7.9） | 2,342（ 21.0）<br>2,051（▲12.4） | 1,431（▲0.3）<br>1,630（ 14.0） |
| サービス | 226 | 313,853（ 4.0）<br>322,796（ 2.8） | 26,384（ 16.1）<br>24,832（▲5.9） | 15,923（ 59.3）<br>15,483（▲2.8） |
| **非製造業合計** | **711** | **2,398,646（ 6.6）<br>2,472,790（ 3.1）** | **175,540（ 11.7）<br>175,256（▲0.2）** | **119,251（ 17.1）<br>113,966（▲4.4）** |
| **全産業合計** | **1566** | **5,575,127（ 7.9）<br>5,727,458（ 2.7）** | **408,269（ 16.9）<br>412,491（ 1.0）** | **293,788（ 34.6）<br>287,712（▲2.1）** |
| **金融を含む全産業合計** | **1695** | **6,156,841（ 7.7）<br>6,346,188（ 3.1）** | **489,829（ 14.5）<br>495,961（ 1.3）** | **351,875（ 28.3）<br>343,503（▲2.4）** |

2018年5月19日　日本経済新聞朝刊

また、わかりやすくするために、私はこの数字をグラフにまとめ、マーケットの変化を視覚的に把握できるようにしている。

それが次ページのグラフで、上が売上高の変化、下が経常利益の変化である。

例えば、上場企業の売上高（上のグラフ）を見ると、2016年から17年は、0・5％が16年3月期の実績で、そこからマイナス0・9％に減収するだろうと予想されていた。

結果はマイナス2・7％で予想を下回っている。

17年から18年は、マイナス2・7％（実績）から4・1％の増収予想だった。結果は、7・9％に上振れて着地している。

このデータを見るだけでも、国内の景気がどのように変わっているか、イメージが湧くのではないか。

経常利益についても同じだ。

17年3月期は7・2％の増益で、予想値だった3・7％を上回った。

18年3月期は、7・2％から3・8％へ減益予想だったが、実際は16・9％の大幅な増益となっている。

## 図表15　業績集計を「見える化」する❶

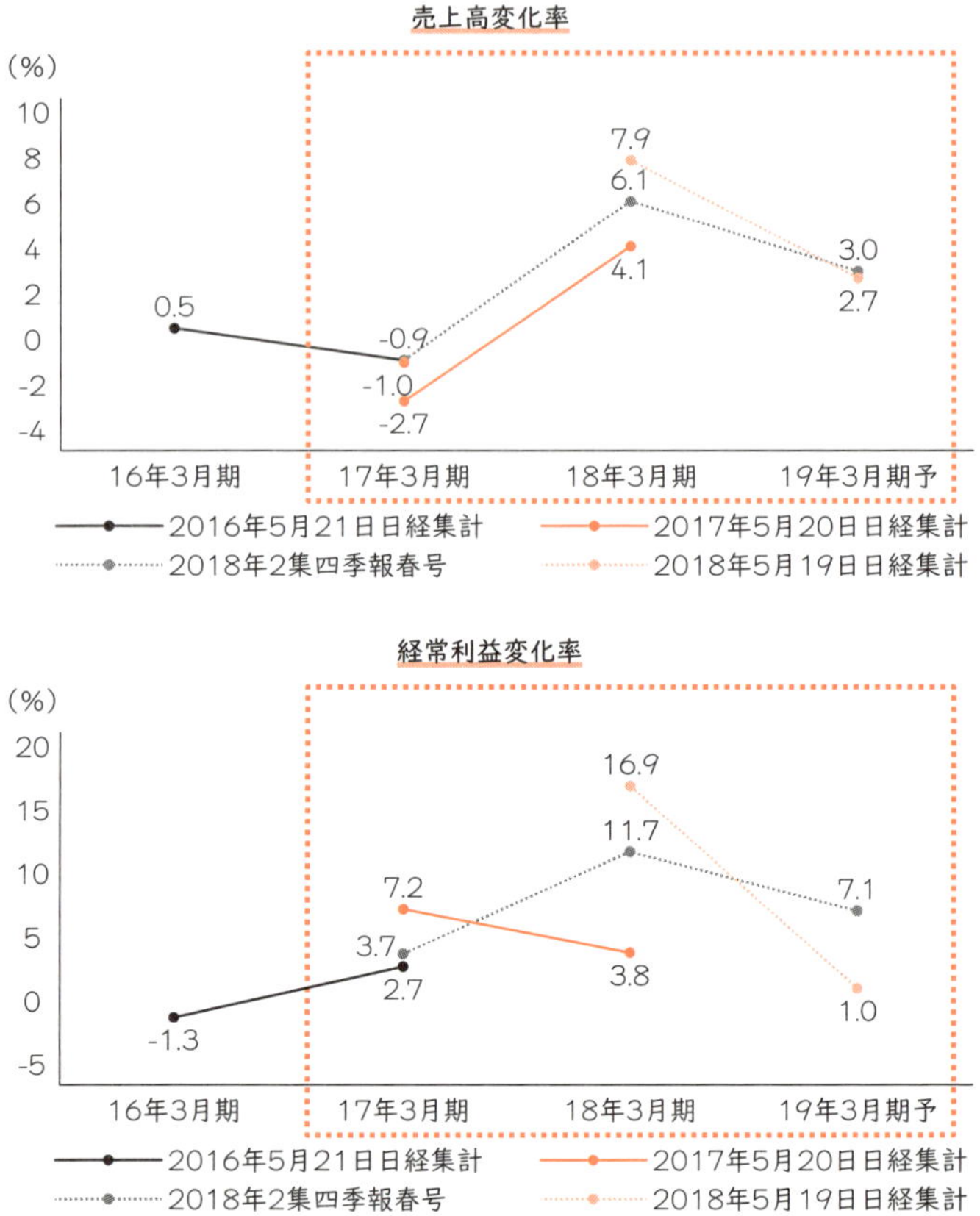


※日経集計は全国上場の3月本決算会社1566社（金融、ジャスダック、マザーズ、上場子会社、決算期変更除く）

※四季報集計は合計3277社で日経集計と対象が異なるため単純比較はできないが参考として掲載した

（出所）複眼経済塾

業績集計から「売上高」「経常利益」をグラフにまとめて、変化を視覚的に把握する。

## 希望や期待抜きに客観的に見る

このような流れを踏まえて、さて19年3月期がどうなるかだ。

日経の予想によれば、売上高が7・9％から2・7％に減り、経常利益も16・9％から1・0％に減る。

理由は、18年3月期の結果が良すぎたため、19年3月期の伸び率が鈍化するだろうと見ているためだ。

先ほど見た世界のマーケットデータは、まだ株価には影響が出ていないものの、景気の鈍化を示唆するものだった。

仮に鈍化するなら日本市場も影響を受ける。日経の予想でも大幅に鈍化するだろうと見られている。

そう考えると、国内マーケットの先行きも決して明るいとはいえない。

冒頭の話に戻ると、「最高益」「上方修正」といった情報で飛びつきたくなる銘柄があるかもしれないが、安易に飛びつくのは危ないと判断することもできるのだ。

もちろん、株価の先行きは誰にもわからないので、予想に反して好況が続く可能性もある。

「18年3月期は大幅に上振れた。ならば今回も上振れる可能性もある」

「増収2・7％、増益1・0％は保守的ではないか」

そんな風に思う人もいるだろう。

しかし、リスク管理の点から見ると、自分なりの考えにとらわれすぎないほうが良い。

株の売買において、買い手は「上がる」と思うから買うのであり「上がってほしい」と期待する。**期待があると株価やチャートを見る目にもバイアスがかかる**。**そのせいで見えづらくなってしまうのが客観的な事実である**。株価、チャート、各種指標といったデータが淡々と伝えている事実が歪んで見えるようになる。

それを防ぐためにも、データにのみ着目し、データから読み取れることだけを分析していくことが大事なポイントになるのだ。

## 業績集計を踏まえて動向を考える

データを見ることによってマーケットの状態や動向が把握できたら、具体的に投資先を絞り込んでいく。

この場合も、いきなり個別銘柄の業績などを分析するのではなく、まずは各企業が事業の基盤としている業種や業界のマーケットがどうなっているかを踏まえておくことが大事だ。世界、国内、そして業界の順番である。

日本株とひと口にいっても業種・業界によって値動きは異なる。

たまに、リーマンショックやアベノミクス相場のときのようにあらゆる銘柄が一様に動くときもあるが、そのようなケースは稀で、たいていは上がる業種、上がらない業種の差が生まれる。

そもそも一様に上がるのであれば分析する必要がなく、買って寝ておけば良い。

株で儲けるためには平時の分析が重要であり、そのために業種や業界の動向を見ることが重要になるのだ。

ここでも業績集計の記事が役に立つだろう。

記事の内容は、前述の通り、金融を除く全業種の利益をまとめたものだ。

この表をアレンジし、業績の動向を踏まえたのが次のページの表である。

表の作り方は簡単で、まずは記事に載っている数字をエクセルに打ち込む。その上で、経常利益がどう変わるかを見て、４つのパターンに振り分ける。

分類は以下の４つである。

- **増益転換…経常利益が減益から増益に転換する業種**
- **業績改善…経常増益が前期から今期にかけて高まる業種**
- **業績鈍化…経常増益が前期から今期にかけて低下する業種**
- **減益転換…経常利益が増益から減益に転換する業種**

## 図表16　業績集計を「見える化」する❷

### ①業績集計の記事から売上高の変化、経常利益を表にまとめる

| | | 売上高 | | | 経常利益 | | | |
|---|---|---|---|---|---|---|---|---|
| | | 前期 | 今期 | 変化率 | 前期 | 今期 | 変化率 | |
| 11 | 造船 | 0.7% | 1.6% | 128.6% | -45.9% | 250.0% | 増益転換 | 増収増益 |
| 3 | パルプ・紙 | 5.4% | 3.0% | -44.4% | -9.1% | 27.4% | 増益転換 | 増収増益 |
| 20 | 海運 | 11.7% | -24.3% | 減収 | 黒字 | 29.2% | 増益 | 減収増益 |
| 18 | 鉄道・バス | 2.6% | 2.1% | -19.2% | 4.2% | -0.5% | 減益転換 | 増収減益 |
| 4 | 化学 | 9.4% | 5.8% | -38.3% | 23.6% | -1.3% | 減益転換 | 増収減益 |
| 23 | サービス | 4.0% | 2.8% | -30.0% | 16.1% | -5.9% | 減益転換 | 増収減益 |
| 14 | 建設 | 4.7% | 5.9% | 25.5% | 11.7% | -6.5% | 減益転換 | 増収減益 |
| 6 | 石油 | 31.1% | 5.2% | -83.3% | 66.7% | -6.6% | 減益転換 | 増収減益 |
| 12 | 自動車・部品 | 7.0% | 0.2% | -97.1% | 13.2% | -8.4% | 減益転換 | 増収減益 |
| 22 | ガス | 11.1% | 7.9% | -28.8% | 21.0% | -12.4% | 減益転換 | 増収減益 |
| 21 | 通信 | 3.4% | 1.1% | -67.6% | -1.2% | -0.6% | 減益縮小 | 増収減益 |
| 1 | 食品 | 3.4% | 2.8% | -17.6% | 1.6% | 4.4% | 175.0% | 増収増益 |
| 19 | 陸運 | 5.7% | 3.6% | -36.8% | 9.1% | 12.3% | 35.2% | 増収増益 |
| 16 | 小売 | 3.6% | 3.4% | -5.6% | 7.1% | 8.8% | 23.9% | 増収増益 |
| 2 | 繊維 | 6.8% | 5.8% | -14.7% | 4.8% | 5.4% | 12.5% | 増収増益 |
| 9 | 機械 | 9.8% | 3.2% | -67.3% | 18.3% | 12.1% | -33.9% | 増収増益 |
| 17 | 不動産 | 5.7% | 8.2% | 43.9% | 7.3% | 3.7% | -49.3% | 増収増益 |
| 10 | 電気機器 | 8.1% | 1.9% | -76.5% | 30.2% | 11.5% | -61.9% | 増収増益 |
| 15 | 商社 | 10.1% | 4.2% | -58.4% | 27.1% | 4.5% | -83.4% | 増収増益 |
| 13 | 精密機器 | 7.5% | 3.5% | -53.3% | 34.3% | 4.8% | -86.0% | 増収増益 |
| 5 | 医薬品 | 3.3% | -0.3% | 減収 | 5.3% | 0.6% | -88.7% | 減収増益 |
| 8 | 非鉄金属 | 10.2% | 3.8% | -62.7% | 24.6% | 2.4% | -90.2% | 増収増益 |
| 7 | 鉄鋼 | 16.5% | 4.9% | -70.3% | 88.4% | 2.9% | -96.7% | 増収増益 |

### ②経常利益の変化を基点に4つの分類に振り分ける

| 増益転換<br>前期　→　今期予 | 業績改善<br>前期　→　今期予 | 業績鈍化<br>前期　→　今期予 | 減益転換<br>前期　→　今期予 |
|---|---|---|---|
| 造船<br>-45.9%　→　250.0% | 食品<br>1.6%　→　4.4% | 鉄鋼<br>88.4%　→　2.9% | 化学<br>23.6%　→　-1.3% |
| パルプ・紙<br>-9.0%　→　27.4% | 陸運<br>9.1%　→　12.3% | 商社<br>27.1%　→　4.5% | 自動車・部品<br>13.2%　→　-8.4% |
| | 小売<br>7.1%　→　8.8% | 電気機器<br>30.2%　→　11.5% | 建設<br>11.7%　→　-6.5% |

（出所）2018年5月19日日本経済新聞記事を参考に「経常利益変化率」について複眼経済塾作成

## 増益転換の中から有望な銘柄を探す

2019年3月期の予想を例にすると、増益転換には造船とパルプ・紙が入り、業績改善には食品、陸運、小売が入っている。これらは比較的安心して買えるセクターといっても良いだろう。

例えば、業績集計が出た1週間後にはこんな記事が出ている。

**【記事26】『段ボール 大増産時代　世界でネット通販需要拡大』**（2018年5月23日）

記事は、ネット通販の普及などによって配送に使うダンボールが増えているという内容で、王子HDなどが原料となる板紙の生産量を増やすという内容だ。

業種別の動向が頭に入っていれば、王子HDに限らず関連銘柄を素直に買いに行けるのではないか。

【記事26▷POINT】①インターネット通販の拡大で世界で段ボールの需要が急増している。②成長市場を取り込もうと、王子HD、米中の世界大手が増産に乗り出している。③段ボールの世界最大の需要国は中国で、世界需要の4分の1を占める。

逆に、４分類の中の業績鈍化と減益転換は注意が必要なセクターだ。

個別企業としては業績が良くても、セクターの景気が悪ければ株価も足を引っ張られる。そのため、**どの銘柄を買うにしても、まずはセクターの状況を把握しておくことが重要**になるのだ。

表の作成には少し手間がかかるが、年1回の記事の作業だ。

このひと手間をかけることで、どの業界が、どんな状況にあるかが把握しやすくなる。マジ読みする人にはぜひやってみてほしい。

フォーマットさえできれば、あとは1年ごとに内容を更新していくだけだ。

日経では、４半期ごとの予想記事も出しているので、さらに頑張りたい人はその記事も表に落とし込むと良いだろう。

ちなみに、陸運が業績改善予想となっている背景には宅配便の値上げなどがある。

４つに分類した際には、業績などの改善や鈍化につながった理由も合わせて押さえておくと良いだろう。

さて、世界、日本、業界の動向が見えれば、投資先の選択もしやすくなるはずだ。

第2章で触れた変化や転換点を探す方法で魅力的なセクターや銘柄を見つけた場合、マーケット規模を見ればさらに深く分析できるようになる。

逆に、マーケットデータから投資先候補になるセクターや銘柄が見えてくることもある。規模が大きいマーケットや成長中のマーケットを知ることで、銘柄探しの幅が広がったり、魅力的な銘柄が見つかったりすることもあるのだ。

# 第4章

## 日経新聞マジ読み術③
## トレンド（方向性）に注目する
## ↓景気の方向性を見る

# 景気の方向性を見る

前章ではマーケットデータをもとにマーケットの規模や状態を見る話をした。規模などがわかったら、次にマーケットがどのように変化していくかを考えよう。

どんなに業績が良い会社でも、マーケットが縮小していけば株価も下がりやすくなる。注目が集まっているテーマ株だったとしても、景気が悪化している状態ではなかなか買われない。

つまり、**株で儲けるためには方向性を見ることが重要であり、そのヒントも新聞記事から拾うことができる**のである。

変化をつかみ、マーケットを把握したら、最後は景気の方向性を見る。

本章では、その方法を考えてみよう。

ところで、〝景気〟とはいったいなんなのだろうか。

我々は日々、景気が良い・悪いといった話をする。

しかし、実際のところ、景気とは何であるかよくわからず、定義や意味が曖昧なまま話をしていることが多いのではないか。

実は、銀行、保険会社、証券会社などに勤めている人に聞いても、景気がなんであるか的確に答えられる人はほとんどいない。

私は仕事柄、金融関係の人と接する機会が多いが、「業績が」「消費が」といったぼんやりとした答えをする人が多く、「景気とはこういうものだ」と明確に答えられた人は数人しか知らない。

ちなみに、調べたことがある人もいるかもしれないが、景気に相当する英単語もない。

辞書などで調べると、ビジネスやエコノミーといった単語になるが、ビジネスは事業でエコノミーは経済だ。景気とはニュアンスが異なるし、意味合いも違うと私は思う。

一般的に使われている景気という言葉は、感覚的で気分的なものだ。

例えば、大阪の商売人に「儲かってまっか?」と聞く。

返ってきた答えが「あきまへん」なら不景気、「ぼちぼちでんな」なら例年並み、「おかげさんで」なら好景気というような感覚だ。

景気の「気」が気持ちの「気」であるという点も含め、景気はお金と接する人たちの感覚を表している。

感覚には個人差があり、気持ちは常に揺れ動くものだからこそ、景気の実態をつかむのが難しいのである。

## 景気には山と谷がある

さて、そうはいっても景気がどういうものなのか定義できなければ、話は進まない。

景気の実態がわからなければ分析することもできず、良し悪しの方向性もつかめず、まさか感覚を頼りに投資するわけにもいかないだろう。

そこで目を向けたいのが、内閣府が発表している景気に関するデータだ。

データにはいくつか種類がある。

まず、**単純に景気の良し悪しを見るのであれば、「景気基準日付」を見る**のが良いだろう。

景気基準日付は、簡単に言えば、景気の山と谷を決めているものだ。

第2章で触れたサイクルの話を思い浮かべると、景気に山と谷があることや、一定期間で上下を繰り返しているというイメージが描きやすくなるだろう。

景気の山はピークであり、そこから景気は後退していく。

景気の谷はボトムで、そこから景気が拡大していく。

つまり、山と谷は景気の転換点であり、山から谷までの間は景気の後退期、谷から山までは景気の拡大期というわけだ。

では、どうやって山と谷を決めているのだろうか。

判断のベースとなっているのは、複数ある景気動向指数の中の「一致指数」と呼ばれるデータだ。一致指数については後述するが、景気の動きと一致して動く指標のことである。

判断方法をざっくり説明すると、まず、一致指数を過去の数値と比較し、増加、横ばい、減少の割合をみる。

増加したときはプラス、同じならプラスマイナスゼロ、減少したときはマイナスとして、変化を見る。

景気が良いときは指数も良いため、全体的にプラスが多くなる。

ということは、プラスが多い状態からマイナスが多い状態に変わるタイミングが景気の山といえる。

逆に、マイナスが多い状態からプラスが多い状態に変わるタイミングが、景気の谷となる。

厳密にいうと、単純にプラスが増えれば景気回復となるわけではなく、専門家による議論も行われる。

ただ、ここでは細かな判断方法については一旦脇に置いておこう。

重要なのは、**気分や気持ちの要素が強い景気というものが、このようなプロセスによって数値化でき、見える化できるという点だ。**

# 過去の流れからサイクルの実態をイメージする

実際にデータを見てみよう。

景気の山と谷の判定は定期的に行われている。

ＤＩの変化などを見ながら景気動向について議論し、転換点と判断できる場合、景気の谷から次の谷までを１つのサイクルとする仕組みだ。

直近（２０１８年９月現在）のサイクルは、２００９年３月の谷から２０１２年11月の谷までの44カ月で、これが第15循環だ。現在は、アベノミクスがスタートした２０１２年の年末以降に始まった第16循環である。

アベノミクスをきっかけに国内の景気が良くなったのは周知の事実だ。株価も上昇し、１万円未満だった日経平均株価も２万円以上まで伸びている。

では、この景気の山はいつなのだろうか。

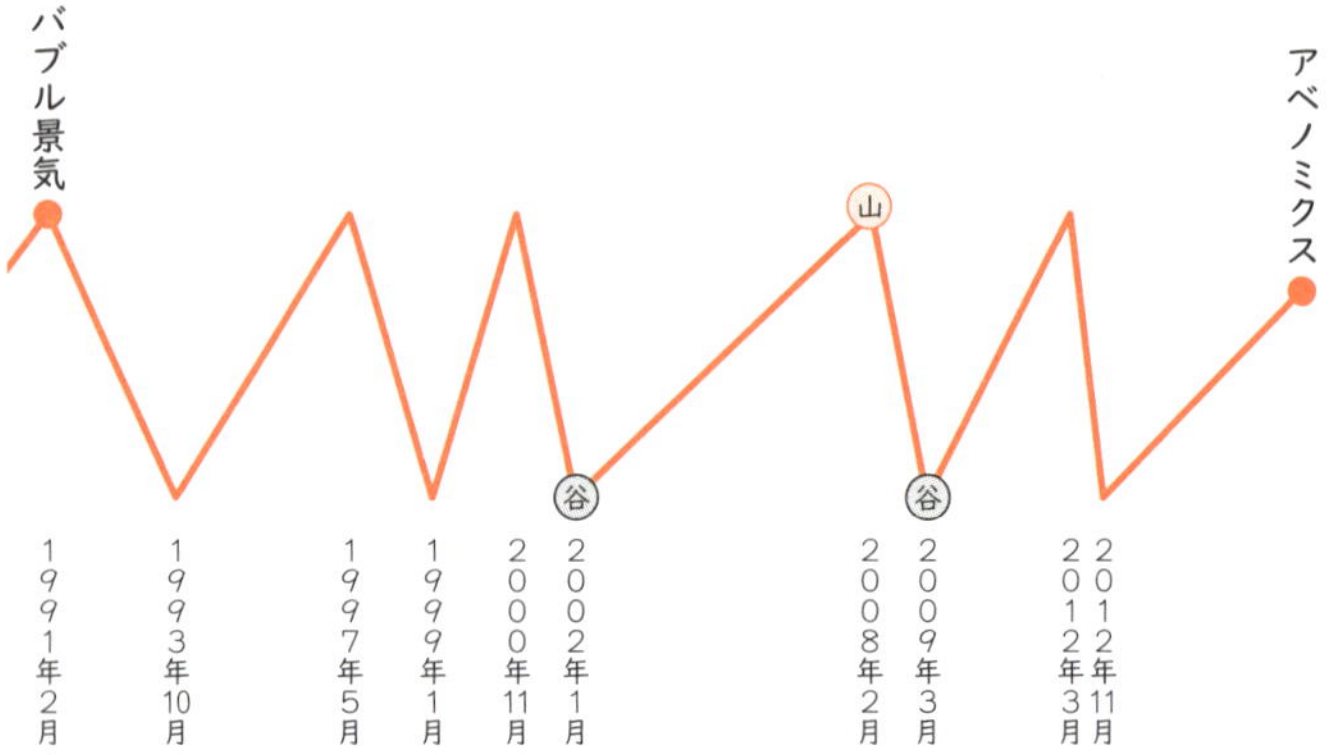

（出所）複眼経済塾

景気基準日付では、残念ながらそれはわからない。

景気基準日付は、ＤＩの変化を見て「このときが景気の山（谷）だった」と決めるものであるため、過去のサイクルは明らかになるが、今とこれからの動向はわからないのだ。

ただし、役に立たないわけではない。

例えば、過去の循環を見ると30カ月から50カ月くらいの循環となっているものが多い。

景気サイクルに当てはめると、在庫の流れとともに3～4年周期で一巡するキチンサイクルに近いといえるだろう。

その視点で考えると、２０１２年の年末

**図表17　景気基準日付の簡略図**

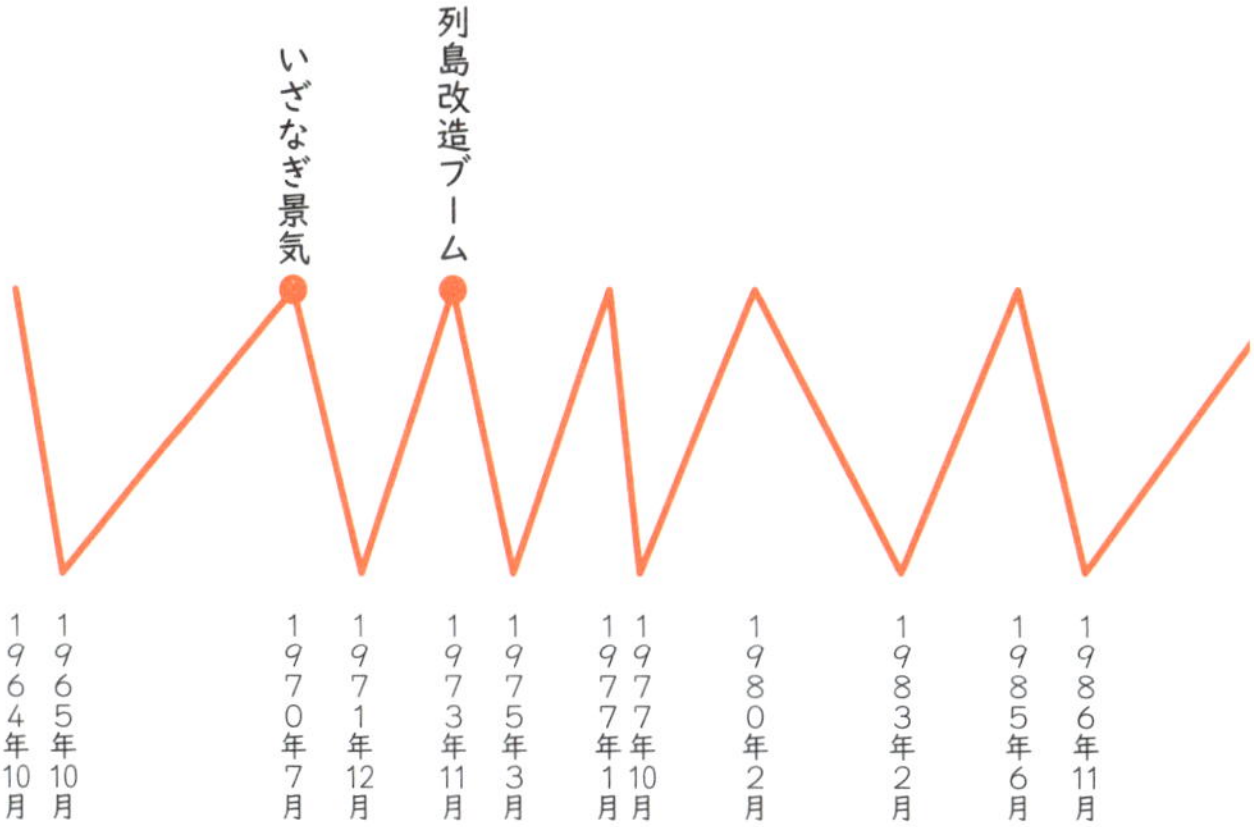


戦後の日本では第15循環まで確認されていて、本書執筆時点は第16循環に入った景気拡張期の途中にいる（本図は第5循環以降を簡略化したもの）。

がスタートなら、２０１６年くらいが次の谷になるのではないかと考えられるが、現在も拡大が続いている。

ただし、期間が長いものでも80カ月くらいであるため、好景気が長く続いたとしても、６年から７年くらいが限度なのではないかと考えることもできるだろう。

２０１２年から７年なら、次の谷は２０１９年の年末ということになる。

景気の山はその前にくるため、18年くらいが拡大から後退の転換点になるかもしれない。

ちなみに、過去の循環を見ると、景気が拡大する期間より、後退する期間の方が短いケースがほとんどだ。

例えば、第15循環は、09年3月から36カ月かけて拡大し、2012年3月から11月までの8カ月で後退している。その前の第14循環は、2002年1月から73カ月が拡大期、2008年2月から09年3月までの13カ月が後退期だった。

このパターンを踏まえると、景気の山は、谷と谷の真ん中ではなく、後半寄りにできることが多いのではないかと考えることができる。

谷から谷の間が4年なら、2年目ではなく3年目くらい、谷から谷の間が7年なら、5年目から6年目くらいがピークになるかもしれない。そんなイメージを持っておくことができる。

また、後退の期間が短いのであれば、株価が落ちるスピードも上がって行くときより早くなる可能性がある。

これは株価チャートでも良く見られ、ジワジワ上がってきた株が急スピードで下落するケースがよくある。そのようなイメージを持っておくと「ピークだと感じたら素早く手仕舞いしよう」といった心構えもできるだろう。

## 景気動向指数で景気の良し悪しを考える

では、目の前の景気動向を把握するためにはどうすれば良いのだろうか。

ポイントは、景気基準日付を判断している「**景気動向指数**」を見ることだ。

景気動向指数は、生産や雇用といった経済活動の中で、重要であり、かつ景気に敏感に反応する指標を表すものだ。

前項では、景気基準日付が一致ＤＩをベースにしているという話をした。

個人で景気を見る場合も同様に、各指数がどのように変化しているかを追いかけていけば、景気の変化をつかみやすくなり、しかも景気基準日付が公表されるより前に景気の転換点を捉えられるようにもなるのだ。

景気動向指数は複数ある。株の関連では東証株価指数（ＴＯＰＩＸ）もその１つであるし、有効求人倍率や消費者物価指数などニュースでよく耳にするものも含まれている。

そのような情報を意識しておくだけでも景気の状態は把握しやすくなるだろう。

例えば、有効求人倍率が下がったなら、仕事がたくさんあり、人が不足しているわけだから景気が良いと判断できる。

ＴＯＰＩＸも同じで、株価が上がるということは景気が良いということだし、消費者物価指数が上がったなら、消費が活発になり、物価が上がっているというわけなので、やはり景気が良いということになる。

このような情報も新聞で拾っていく。データの集め方は前章で説明したマーケットデータと同じで、記事の中にどんなことが書かれているかより、数値そのものに注目しながら淡々と集めていくのが良いだろう。

## 先行、一致、遅行に分類する

景気動向指数を見れば今の景気はわかる。

では、これからの動きはどうやって考えれば良いのだろうか。

株などの投資は、将来的に得られる利益を見込んで行うものだ。いずれ株価が上がると思うからこそ、今の価格が安いと判断できる。

そのため、今の景気が良いかどうかは実はあまり重要ではない。今が好況でも、来年から後退していくなら買えないし、今が不況でも、これから回復していくのであれば今こそが買い場になったりするのだ。

**その動向を読み解くための方法としては、景気動向指数を、「先行」「一致」「遅行」に分けると良い**だろう。

この３つの指数がどう変化しているかを見ることが、景気の先行きを考える大きなヒントになるのだ。

一例として、内閣府が景気基準日付の設定で採用している指数を挙げておこう。

いずれも記事の中によく出てくるものであるため、指数の記事を読んだときや、指数に関するデータを集めるときには、３つの分類のどこに属しているかを意識すると良いだろう。

## 図表18　3つの景気動向指数の内容と特徴

| | 遅行系列 |
|---|---|
| 1 | 第3次産業活動指数（対事業所サービス業） |
| 2 | 常用雇用指数(調査産業計)(前年同月比) |
| 3 | 実質法人企業設備投資（全産業） |
| 4 | 家計消費支出(勤労者世帯)(前年同月比) |
| 5 | 法人税収入 |
| 6 | 完全失業率（逆サイクル） |
| 7 | きまって支給する給与（製造業、名目） |
| 8 | 消費者物価指数（生鮮食品を除く総合） |
| 9 | 最終需要財在庫指数 |

| | 一致系列 |
|---|---|
| 1 | 生産指数(鉱工業) |
| 2 | 鉱工業用生産財出荷指数 |
| 3 | 耐久消費財出荷指数 |
| 4 | 所定外労働時間指数 |
| 5 | 投資財出荷指数 |
| 6 | 商業販売額（小売業） |
| 7 | 商業販売額(卸売業) |
| 8 | 営業利益(全産業) |
| 9 | 中小企業出荷指数(製造業) |
| 10 | 有効求人倍率(除学卒) |

| | 先行系列 |
|---|---|
| 1 | 最終需要財在庫率指数(逆サイクル) |
| 2 | 鉱工業用生産財在庫率指数(逆サイクル) |
| 3 | 新規求人数(除学卒) |
| 4 | 実質機械受注（製造業） |
| 5 | 新設住宅着工床面積 |
| 6 | 消費者態度指数 |
| 7 | 日経商品指数(42種) |
| 8 | マネーストック（M2）（前年同月比） |
| 9 | 東証株価指数 |
| 10 | 投資環境指数(製造業) |
| 11 | 総資本営業利益率(製造業) |
| 12 | 長期国債(10年)新発債流通利回り |
| 13 | 中小企業売上げ見通しDI |

（出所）複眼経済塾

### ❶先行指数

「着工」「受注」「マーケット」に関するデータ

### ❷一致指数

「生産」「出荷」に関するデータ

### ❸遅行指数

「家計消費」「物価」に関するデータ

**先行指数がこれから生まれる需要を表し、一致指数が生産・販売状況の今を表し、遅行指数が結果を表している。**

## 指数によって反応する時期が異なる

具体的に見てみよう。

各指数の役割をまとめると、先行指数がこれから生まれる需要を表し、一致指数が生産・販売状況の今を表し、遅行指数が結果を表しているといえるだろう。

まず先行指数は、数カ月先の景気より先行して動く指数だ。景気を先取りするデータといっても良いだろう。

ＴＯＰＩＸが良い例だ。

株価は、実体経済を半年から1年ほど織り込んで動く。

わかりやすくいうと、投資家は「半年後にこの業界が注目されるだろう」「1年後にこの企業の業績がよくなっているはずだ」と判断して株を買うため、未来の株価や業績が今の株価に反映される。実際の業績よりも先に株価が動くわけだ。

同様に、商品指数、長期国債の利回りなども先行して動く。前章で集めたマーケットデータの多くが、この先行指数の中に入ってくる。

そのほかの先行指数としては、新築住宅の着工状況（新設住宅着工床面積）や、生産に必要な機械の受注件数（実質機械受注（製造業））なども挙げられるだろう。

ものづくりの順番は、受注から始まり、生産、出荷、納品と進んでいく。そのため、**着工、受注、マーケットに関するデータが先行指数**となるわけだ。

一致指数は、現状を表している指数である。ものづくりの順番でいうと、**受注が先行で生産や出荷販売が一致に該当する**。

指数としては、例えば、製造業などの機械の出荷台数が一致データであり、耐久消費財の出荷、投資財の出荷などもここに含まれる。

非製造業の場合は、仕入れに関するデータが先行データ、販売に関するデータが一致データとなる。

また、生産現場がどのように動いているか表す指数として、労働時間のデータ（所定外労働時間指数）も一致データに含まれる。企業に必要とされている労働力がどれくらいかを見るために、有効求人倍率もここに含まれる。

３つ目の遅行指数は、生産や販売の結果として生まれる動きを表すものだ。

わかりやすいのが**家計消費や物価**だ。

受注し、生産し、納品した結果として利益が出れば、給料が増え、ボーナスも出る。そのお金を使うことで家計消費支出が変動する。

当然、給料などが増えるほど消費支出は増える。

法人税収入も同じで、法人税は企業が得る利益に応じて納めるものであるため、遅行指数になる。

## 先行指数に注目する

新聞記事には、これら指数が分類されていない状態でバラバラに載っている。

そのため、**記事を読む際には、その記事が3分類のどこに当てはまるのかをまず考えた方がいい**。

また、分類に沿ってデータを仕分けできるようになったら、先行指数に重点を置くと良いだろう。

というのは、景気の方向性が表れる順番で見ると、最初に反応するのが先行指数であるからだ。

つまり、先行指数の変化を見ることが、景気の方向性をつかむためのヒントになるということである。

例えば、TOPIXのような先行指数が下がっているようであれば、半年後、1年後の景気は今よりも悪化しているのではないかと考えることができる。

新築住宅の着工面積や受注量が減っていることに気づけば、建設セクターの銘柄を買う際に警戒できるだろうし、製造関連の指数が上がっていれば「製造業の業績が上がるだろう」と予想し、株価が伸びそうな銘柄を探すこともできる。

また、記事を読む目も鋭くなるのではないか。

景気予想の記事などを読んでいると、「今の日経平均は弱い。ただ、足元の経済は堅調」といった解説を見ることがある。

先行、一致、遅行に分ける意識がなければ、特に疑問は湧かないかもしれない。「実体経済が堅調なら、株価の低迷は一時的なものかもしれない」などと考えてしまうこともあるだろう。

しかし、それは間違った見方だ。

前述の通り株価は先行指数であり、足元の経済状態は一致指数に表れるものだ。景気の影響が表れる順番は、先行から一致、遅行へと進んで行くわけだから、株価が軟調で足元の経済が堅調でもなんら不思議はない。

このようなときは、「これから実体経済に影響が出るかもしれない」と警戒するのが正解で、「実体経済が堅調なら株価の低迷は一時的」と考えるのは時間軸を逆行する判断といえるのだ。

## 指数の役目を果たす記事もある

先行、一致、遅行を意識した景気の読み方でもう1つ重要なのは、何気なく読み飛ばしてしまいそうな記事の中にも、景気の方向性を示唆する情報が含まれているという点だ。

例を挙げて考えてみよう。

まず経済活動の土台となっている世界のマーケットがどうなっているかというと、

**【記事27】『自由貿易迫る危機　鉄・アルミ輸入制限　中国は報復も／米に代償大きく』**
（2018年3月3日）

という記事が出ていた。

記事に書いてあるように、これはこれから迫ってくる危機の話で、先行データと捉えることができるだろう。

【記事27 ▷ POINT】①トランプ米大統領はアメリカの安全保障を理由に鉄鋼とアルミニウムの関税を引き上げ、輸入制限を課すと明言。②中間選挙を控えたトランプ氏は強硬策を貫く。③鉄鋼の関税引き上げにより、米国製の自動車は価格競争力を落とす恐れがある。

記事の内容は、トランプ大統領が鉄鋼とアルミニウムの関税を引き上げる方針を出したというものだ。

周知の通り、世の中では関税を減らし、貿易を活性化させようというトレンドが続いていた。

ＴＰＰなどがその代表的な取り組みだが、トランプ大統領はまったく逆の方針を出した。関税をかけて保護貿易に近づけようとしているわけだ。

関税を引き上げれば、相手国も関税を引き上げる。結果、戦争になるかどうかはわからないが、貿易が鈍化することは間違いない。

貿易の低迷はモノの流れが鈍くなるということなので、世界経済にはマイナスだ。現状はアメリカも日本も株価が上がっているが、少し先には輸出・輸入の低迷による不況が起きるかもしれない。そんな未来が想像できるのである。

投資家としては、この記事に目を止めたことが、その後のアメリカの関税方針に注目するきっかけになるだろう。

例えば、前述した「迫る危機」の記事の３週間後には

【記事28】『対日圧力再び　トランプ氏「もうだまされない」』（2018年3月24日）

という記事がある。

これは、鉄鋼とアルミニウムの輸入制限を発動したという内容のもので、前記事を見ておくと、世界的な貿易不況に一歩近づいたということがわかる。

単にアメリカの動向を知るだけでなく、世界経済を見るための先行データとして捉えることで、景気の方向性を考えるヒントが得られるということだ。

## 関税引き上げの記事は警戒が必要

話は少しそれるが、世界史を見てみると、関税引き上げ→保護貿易→貿易悪化という流れは世界に不況をもたらす流れである。

1929年に起きた大恐慌のときもそうだった。

【記事28▷POINT】①トランプ米政権が鉄鋼とアルミニウムの輸入制限を発動した。②日本政府は日本を適用対象から外すよう求めるも、要求は通らなかった。③日本がアメリカに輸出する鉄鋼とアルミニウムにはそれぞれ25%、10%の追加関税が課される。

## 図表19　異なる日付の記事から景気の方向性を把握する

【記事27】

# 自由貿易 迫る危機

## 鉄・アルミ輸入制限

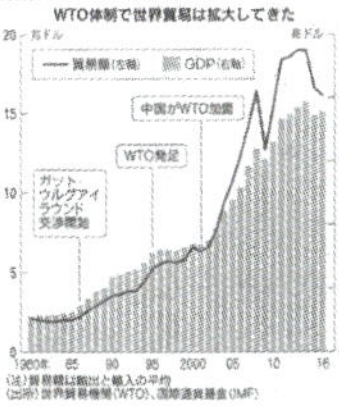

## 中国は報復も／米に代償大きく

2018年3月3日　日本経済新聞朝刊

●これから迫ってくる危機＝先行データに気づく

【記事28】

# 対日圧力 再び

## 輸入制限発動

## トランプ氏「もうだまされない」

## FTA交渉にらむ

22日、米首都ワシントンで中国製品への制裁措置を指示する大統領令に署名後、掲げるトランプ米大統領＝UPI共同

## 秩序自ら破壊 しっぺ返しも

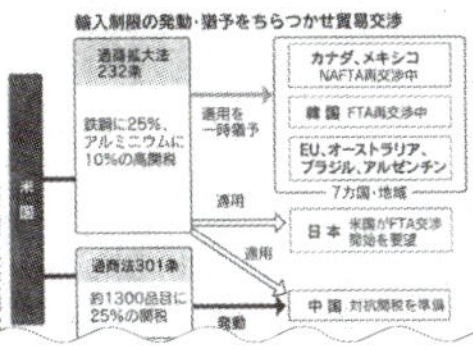


2018年3月24日　日本経済新聞朝刊

●記事27を見ておくと、「世界的な貿易不況に一歩近づいた」と景気の方向性に気づける

このとき、ニューヨーク市場のダウ平均は9割下落した。今の株価でいえば、2万ドルが2000ドルになるようなものだ。

実は、その後にもアメリカは関税を引き上げる政策を実行している。大統領であったフーバー政権の「スムート・ホーリー法」で、農作物など2万品目の輸入関税を50%引き上げたのだ。1930年のことだ。

当然、周りの国々は反発し、アメリカからの輸入品に高い関税をかけた。

結果、32年ごろまでに世界の工業生産量は半分になり、貿易量も半分になった。アメリカの株価暴落が引き金となる形で、世界恐慌へと波及していくわけだ。

歴史に学ぶという点から見ると、大恐慌のような大きな出来事について知っておくのは重要なことといえるだろう。

トランプ大統領の政策と重ねて見ると、最悪のシナリオとして貿易量が今の半分になるかもしれない。これに対して「飛躍しすぎだ」と言う人もいる。

しかし、本当にそうだろうか。

大恐慌の発端となったアメリカの経済状況を見てみると、株価の暴落は10月に起きるが、その2カ月ほど前にすでに製造業の生産指数がピークをつけている。

一方、市場では、あらゆる銘柄が値上がりしていることもあり、多くの人が投資をしていた。

その様子のエピソードとして残っているのが、ケネディ大統領の父親と靴磨きの少年の話だろう。

ケネディは株で大きく儲けていたが、あるとき、靴磨きを頼んだ少年に株を勧められる。「こんな少年が株をやるのは異常だ」と感じたケネディは、すぐに全株売却した。

それから1年も経たないうちに大恐慌が起きる。

少年が損したかどうかはわからないが、ケネディは無傷で売り抜けられたという話である。

その点から見ても、ダウ平均が史上最高値を更新し、日経平均がバブル崩壊後の高値を更新している状態は、大暴落が起きた当時の市場と同じではないが、似てなくもない。

リスク管理重視で考えるのであれば、保護貿易が進んでいるという内容の記事は、大きな不況や株価の暴落を警戒するのに十分なインパクトがある記事なのである。

# 中国はどこへ向かっているのか

話を戻そう。

世界の景気に関する記事として、

**【記事29】『上海も重慶もマイナス成長　過去の水増し修正疑い』**（2018年3月16日）

も先行データと捉えられる記事といえるだろう。

この記事は、高い成長率が続いていたはずの中国の各省が軒並みマイナス成長になったことと、その背景として、これまでの成長率が水増しされていた可能性が高いことを伝えているものだ。

各省が水増し修正をやめた理由としては、習近平国家主席が量より質を重視する方針に切り替えたことが挙げられる。各省としては成長率が高いことをアピールする必要がなく

【記事29▷POINT】①2017年10月～12月の上海市、浙江省、重慶市の名目成長率がマイナスになった。②成長率が不自然な形で急落しており、過去の水増しを修正した疑いがある。③習近平指導部が成長の量より質を重視するため、地方政府が水増しの修正に動いたと見られる。

なり、本当の数字を出した。結果、あっちもこっちもマイナス成長だったというわけだ。

この記事から読み取れるのは、まず、中国において習近平の影響力がものすごく大きいということである。「量的な成長を目指せ」と言えば水増しが起こり、「質だ」と言えば実際の数字が出る。そんな国はほかにない。ましてGDP世界第2位の国が、そのような独裁的な政治で動いているのだ。

また、景気の先行データという点から見ると、量から質の方針になったことが大きなポイントだ。

中国は世界一の生産国である。

メイド・イン・チャイナが世界のあらゆる国、さまざまな分野に入り込み、それが中国の成長を支えてきた。

しかし、量を求めないのであれば、従来のような経済の拡大も止まる可能性がある。

中国の景気が止まれば、アメリカや日本の景気にも影響が出るだろう。

また、中国を消費国として見ると、今後の中国向け事業としては、安価なモノやサービスを大量に売る方法から、質の高いものを売る方向にシフトする可能性も見えてくるのではないか。

そのような視点で見てみることも、投資する業種や銘柄を選ぶ1つのヒントになるだろう。

## 北朝鮮が不気味に見えるのはなぜか

世界経済に影響する要因として、最近は北朝鮮の動向も気になるところである。

実際、北朝鮮の核開発が報じられたことで日経平均株価は何度も下落した。アメリカは核放棄に向けて強気だし、北朝鮮に関してはそもそもの情報が少ないため、常に不透明感がつきまとう。

そんな状況の中で

**【記事30】『正恩氏、習主席と会談「非核化実現へ尽力」段階的措置で解決』**（2018年3月28日）

【記事30▷POINT】①北朝鮮の金正恩委員長が訪中し、習近平国家主席と会談した。②金委員長は会談で非核化実現への意欲を表明した。③北朝鮮側はトランプ米大統領との会談を前に中国との関係を再構築し、対米カードの1つにする狙いだったようだ。

という記事が出ている。

中国は北朝鮮にとってもっとも身近な国だ。

金正恩は習近平と数回にわたって会談しているわけだが、冷静に考えて、世界第2位の独裁国家のリーダーと何度も会える人はおそらく金正恩だけである。

そのような関係性や、会談で何を話しているのかも気になるところだが、この記事を先行データと位置付けてみると、もしかしたら北朝鮮の経済がこれから伸びるのではないかという考えも生まれる。

日本人にとって北朝鮮は危険な匂いのする国だ。わかりやすくいえば不気味であり、多くの人が気持ち悪いと見ている。

しかし、北朝鮮は実はしたたかな国なのかもしれない。

「世界第2位の国とべったりくっついているのは、何か戦略があるからだ」と考えるのが自然だろう。

その視点で北朝鮮の国交を見てみると、国交を持たない国は日本やアメリカを含め30数カ国しかない。世界１９６カ国あるうち、大半を占める１６３カ国は国交があり、そのうちの47カ国には北朝鮮の大使館があるのだ。

そう考えると、国交を持たないことの方が不自然にも見えるのではないか。北朝鮮が不気味に見えている国の方が少数派で、それ以外は普通に北朝鮮と接しているのである。

では、なぜ我々は北朝鮮が不気味に見えるのだろうか。

もっとも大きな原因は、そのように報じるメディアに影響を受けているからだろう。そのフィルターを取り除くと、実は北朝鮮が着々と国力を伸ばしている様子が見えてくる。

金政権や、核開発がこれからどう進むかはわからないが、我々の目に触れにくいところで、北朝鮮が着実に独自の成長戦略を実行しているということを、この記事は示している。これからどんな政策を進めるかによって、世界の景気と北朝鮮の関係性も変わっていく。その点で、この記事は北朝鮮の動向を注視したほうが良いと伝えている先行データといえるのだ。

## 各業界の方向性も記事から読み取れる

では、範囲を少し狭くして、国内経済と各業界の景気について見てみよう。

【記事31】**『中型テレビ向け液晶パネル一段安』**（２０１８年７月５日）

これは、テレビの材料となる液晶パネルの価格が下がっていることを伝えている記事だ。記事の中に具体的な指数の話は出てこない。ただ、パネルという材料の動向であるから、私はこの記事は先行データとして見ることができると思う。

その視点で見ると、なぜ価格が下がるのかを考えることがカギになる。

もしかしたら需要が減っているからかもしれない。

仮にそうだとしたら、需要が減っているのはなぜなのだろう。

理由はいろいろ考えられる。

【記事31 ▷ POINT】①テレビ販売が世界的に伸び悩むなか、中型テレビ向け液晶パネルが一段と安くなっている。②指標となる32型の2018年６月の大口価格は、前月と比べて12％安い１枚45ドル前後。③主要部材であるパネルの値下がりにより、液晶テレビ価格にも波及する可能性がある。

買い替えが一巡したのかもしれないし、テレビを持たない人が増えている可能性もある。いずれにしても、需要が減れば売り上げや利益も減りやすくなる。その点から、製造業の景気が低迷するかもしれないと考えることができる。

先行データに表れた変化は、やがて一致データ、遅行データにも表れる。

この記事を先行データと捉えるのであれば、製造業の一致データや遅行データを見ていくことで、景気の方向性がより正確につかめるようになるだろう。

また「需要が減っているかもしれない」という意識を持っておくと、その後の記事を読んでいく意識も変わる。「テレビ」「液晶」といったキーワードを頭に入れておけば、景気を見るための情報をより多く集めていくことができるだろう。

**【記事32】『アルミ対日割増金2割上げ提示』**（2018年6月19日）

これはアルミニウム地金の価格が四半期前に比べて2割ほど高くなったことを伝えているものだ。

この記事も、貴金属の先物相場に関するマーケットデータであり、先行データと捉える

【記事32▷POINT】①海外資源大手と日本の需要家とのアルミニウム地金の2018年7～9月期の割増金交渉。②英豪リオ・ティント、米アルコアなどが日本のメーカーや商社に提示した額は1トン150～160ドル。4～6月期の決着額に比べ2割高い。③日本向けの交渉は四半期ごとに行い、引き上げで決着すれば3四半期連続となる。

ことができるだろう。

その視点から見ると、資源高は材料の需要が高まっているときに起きるため、景気の先行きが明るいと見ることができる。

ただ、材料の値上げは国内製造業にとってマイナスだ。その視点から見れば、今後の景気に悪い影響を与える可能性が考えられる。

そもそもこの話は、アメリカの関税引き上げからスタートしているため、関連記事として関税に関する情報も注視する必要性も出てくるだろう。

あるいは、アルミを２割高い値段で売買するという点に着目するなら、販売の話であるから一致指数と同じ分類の情報と見ることもできる。

一致データとして見る場合も、製造業にはコスト負担が増えるというマイナスの影響が考えられる。

アルミをキーワードに調べていくと、アルミの輸入やアルミ合金の製造などを直接扱う会社だけでなく、自動車や自動車部品、建築資材などへの影響も考えられるようになるだろう。

## 【記事33】『ガソリン2週連続下落　店頭価格151・8円』（2018年7月5日）

これも【記事32】と似たような資源関連の記事だ。

記事の内容は、レギュラーガソリンの店頭価格が下落したというものだ。

ガソリンや原油関連の記事は報じられる頻度が高く、その時々のマーケットの状況を見るのに重宝する。

ガソリンの原料である原油相場の話として捉えるなら、先行データの記事に分類でき、販売価格の話と捉えるなら一致データの記事に分類することができるだろう。

先行データとして見ると、需要と供給の面から考えて、資源安は需要が減っていることが原因となっているケースが多い。つまり、原油を必要とする製造分野が低迷しているかもしれないと考えることができ、今後の国内外の生産活動が鈍ったり、その結果として世界的に景気が低迷したりする可能性も見えてくる。

一方、一致データとして見ると違う考え方もできる。

第1章で触れたように、**1つの事象でも複数の視点で見ることが重要だ**。

【記事33▷POINT】①レギュラーガソリンの店頭価格（全国平均）が２週連続で下落し、前週比0.1円安い１リットル151.8円だった。②６月上旬以降の原油価格の下落を受けて石油元売り各社は断続的に卸値を引き下げたが、ここにきて原油相場は上昇している。③原油相場は主要な産油国の減産緩和発言を受け６月上旬から下落基調にあり、元売り各社も卸値を断続的に引き下げた。

現状のガソリンの販売価格が安くなっているという点に注目するならば、製造コストも減るため、景気への影響としてはプラスと考えることができるだろう。

車に乗る消費者としても、ガソリン代の出費が減れば、その分、ほかの消費に回すことができる。消費の活性化は景気の活性化であるため、これから景気が良くなっていくと考えることもできるわけだ。


**【記事34】『鶏卵４カ月ぶり上昇　卸値、前月比３％高』**（２０１８年７月５日）

この記事は、卵の値段が４カ月ぶりに上昇し、３％高くなったことを伝えている。

これも、卵という商品のマーケットデータと捉えるなら「４カ月ぶりに上昇している」という点から景気の先行きが明るいのではないかと見ることができる。

ただ、前述したアルミの話と同じで、原料価格の値上げは販売にマイナスの影響を与える可能性がある。例えば、レストラン、惣菜を作る食品メーカーは直接的に影響を受けるだろう。その点から、「飲食業界は厳しいかもしれない」「外食需要が減るかもしれない」といったことも考えることができる。


【記事34▷POINT】①鶏卵の卸値が４カ月ぶりに上昇した。②取引価格も、東京地区のＭサイズが１キロ170円（加重平均）となり、前月に比べて３％上昇した。③量販店では、安値が続いていたことから特売が増え、鶏卵問屋への注文が増加。需要が伸びた。

同じ日の記事で

【記事35】『トウモロコシ、一段安　国際価格　米産地の生育順調』（2018年7月5日）

というのも出ていた。

記事は、アメリカのシカゴ先物価格で、トウモロコシの価格が安くなっていると伝えているものだ。

これは分類としてはわかりやすいだろう。トウモロコシの先物価格の話であるから、マーケットデータであり、先行指標に含まれる。

価格が下がるということは、単純にいえば、需要が減り、供給が増えているということだ。需要が減っているなら飲食業界にとってマイナスだ。先ほどの鶏卵の記事と合わせて考えると、材料費が上がり、需要が減ることで雲行きが怪しいのではないかという予想が立つ。

そういった自分なりの予想を持っておくと、日々の記事を見ていく中でも飲食関連の記事に敏感になっていく。

【記事35▷POINT】①トウモロコシの国際価格が一段と下落している。②アメリカの産地の生育が順調に進み、供給が増えるとの予測から投機筋の売りが膨らんでいる。③米中貿易摩擦で中国は米産トウモロコシを報復対象に挙げており、市場関係者からは「当面は上値が重い展開となりそう」との見方が出ている。

すると、こんな記事も目に留まるかもしれない。

**【記事36】『マーケットの話題　景気減速懸念に揺れる外食株』**（２０１８年７月５日）

これは、外食関連株に関する記事で、６月の売り上げが振るわなかったことで景気減速を警戒する投資家が増えているという内容のものだ。

記事には、サイゼリヤやココスジャパンといった具体的な企業名も出ている。

そのような個別銘柄の話も重要ではあるが、少し視野を広く持ち、外食、食品といったセクター全体を見ながら、景気の方向性を考えるのが良いと思う。あるいは、外食が減るということそのものが、景気が低迷しているときに起きやすい現象であるため、国内全体の話として景気が停滞しつつあるのではないかと考えることもできるだろう。

【記事36▷POINT】①投資家が外食株の月次実績に敏感になっている。②サイゼリヤやココスでは売上高が前年同月割れしている。③日本フードサービス協会が６月末に発表した５月のファミレスの売上高は前年同月比1.4％減だった。

## 景気の変化を実感してからでは遅い

ここで挙げた例からもわかるように、**景気の方向性を探るという意識を持って読んでいくと、内容が異なる記事がつながっていく**。

このつながりが、景気の方向性を見ていく上で重要なポイントになる。

1つの記事を読むだけではつかめなかった、世界、国内、業界の景気の方向性が見えやすくなる。結果、景気が良さそうな業界やいまいちな業界がわかってきて、その根底にある日本や世界の景気についても、これからどんな風に変化していくか予想しやすくなるのだ。

平均収入が増えた、消費が増えたといった遅行データの部分のみを見て、安易に「好景気だ」と判断してしまうようなケースも減るだろう。

実は、それが投資では一番危ない。

世の中全体が好景気だと感じたり、景気が良いと伝える記事がたくさん出たりしたときが、たいてい景気のピークであるからだ。

そのときに株を買えば、当然、高値づかみになる。投資で稼ぐためには、変化の兆しをつかみ、変化が起きる前に買い、ピークのときに売るといった世の中より半歩くらい先を行かなければならない。

そのために重要なのが景気の先読みであり、先行データを見ながら変化をいち早く察知することなのだ。

# 第5章
# エクイティストーリー構築能力を伸ばす
## ～妄想ストーリーの作り方

# 連想①半歩先をイメージする

「株は連想ゲームだ」とよく言われる。

これは新聞記事を読む際にも大事なポイントだ。

記事の内容を素直にそのまま理解するだけに止まらず「こんな展開があるかもしれない」「こういう未来が考えられる」といった連想を広げていくことが銘柄選択の幅を広げることにもつながっていく。この「連想する力」こそが、第1章で触れた「エクイティストーリー構築能力」である。

では、どうすれば連想する力を高められるのだろうか。

ポイントは3つある。

1つ目のポイントは、**記事から単純に連想できることに止まらず、もう半歩先をイメージして見る**ことだ。

例えば、どこかで大雪が降ったとする。

その記事を見たら「雪かきをする人が増えるだろうな」と考えて、ホームセンター関連を買う。スコップや長靴が売れて利益が増えるだろうと連想する。

これはストレートな連想で、割とすぐに思いつくのではないか。

同じようなパターンで、猛暑の予報が出たならビールなどの飲料メーカーを買う。花粉や黄砂やＰＭ２・５といった記事を読んだなら、マスクや空気清浄機である。

ただ、それだけではつまらない。株は先行投資であり、先行した分が利益につながる。

そのため、市場の半歩先を意識して、もう少し連想する力を高めることが大事だ。

例えば、猛暑の予報で多くの人が飲料メーカーを買うなら、あえて冬関連の株を買う。「猛暑の年は冬の寒さが厳しくなる」という仮説を立てて、インナーや防寒具などを売る店や、暖房器具関連などを買っておく。

これは「麦わら帽子は冬に買え」という投資格言にも通じることで、猛暑関連の株に注目する人が増えるほど、冬関連の株は安くなる。

株の利益は、買値と売値の差から生まれるわけだから、安く買えるタイミングを探すことが大事だ。

猛暑から飲料を連想するのがストレートなパターンだとすると、そこでもう半歩踏み込んで厳冬を連想する。

この半歩が、優良銘柄を見つけたり、投資の利益を上乗せしたりすることにつながるのだ。

## 「東京オリンピック」の先にある言語の壁のない世界

半歩先を見る目を持つと、東京オリンピックの関連銘柄も違って見えるかもしれない。

まず、東京オリンピックは比較的安心して買える分野だ。「国策は買い」である。

では、具体的に何を買えば良いか。

ストレートに連想するなら、あらゆる施設を建てるわけだから建築セクターが買えるだろう。建築現場では資材を使い、測量や足場を組むといった工程も含む。セメント、塗料、アルミサッシ類なども必要になる。そのような視点で見ていくと銘柄も見えてくる。

では、半歩先を見るとどうなるか。

例えば、外国人観光客がたくさんやってくる。彼らはオリンピックを見にくるわけだが、その際には泊まる場所が必要だし、食事もするだろう。日本の観光名所を見て回る人も多いのではないか。

すると、観光、旅行、ホテル関連も需要が活性化するかもしれない。現状はいったん下火になっている民泊関連なども関わってくる可能性がある。

また、観光する外国人にとって壁となるのは日本語だ。接客する日本人側としても外国語ができたほうが良い。

そこで翻訳というテーマが出てくる。

簡単な翻訳機でも良いが、ＡＩと組み合わせた翻訳機などが登場すれば便利ではないか。もしかしたら２０２０年には自動翻訳が当たり前になっているかもしれない。そんな連想ができるわけだ。

これも銘柄に結びつけるのは比較的簡単で、ソフトウェア会社、アプリ開発会社などを見ていくと、翻訳と関係している会社が見えてくる。「ポケトーク」という翻訳機で知られるソースネクストなど、まさに好例だ。

さらに範囲を広げて、人工知能の研究開発や音声認識に関わる事業を手がけている会社なども投資先候補になるかもしれない。

オリンピックの時期と合致するとは限らないが、仮に自動翻訳が普及し、言語の壁が低くなれば、訪日外国人の数は急増するかもしれない。

そうなったとき、儲かる会社はどこか。

買い物ならドン・キホーテかもしれないし、和小物が売れる可能性もある。外国人ウケする料理や飲食店があるかもしれないし、レジャー施設が儲かるかもしれない。

中国人観光客が増えたときは、爆買いで家電業界が儲かった。再び家電がバカ売れする可能性は大きくないと思うが、似たようなシナリオで「何が売れるだろうか」と考えていくと、さらに投資先の候補を増やすことができるだろう。

## 連想②誰が儲かるかを考える

連想で大事な2つ目のポイントは**「誰が儲かるか」を考える**ことだ。

これについては、アメリカのゴールドラッシュを思い浮かべるとわかりやすいだろう。1848年ごろの話だ。

ゴールドラッシュは、カリフォルニアの川で取れる砂金を求め、大勢の人が集まったという出来事だ。当時のアメリカ西部はまだ開拓が始まったばかりで、そこに何十万人という人が集まったのである。

砂金探しをした人の中には、この出来事で大金持ちになった人もいた。

一方、砂金を探さずに儲かった人もいる。その1人が、砂金探しをする人たちの作業着としてジーンズを売り、のちに世界的なアパレルメーカーとなるリーバイ・ストラウスの創業者リーバイ・ストラウスだ。

砂金が取れる。ならば、砂金をたくさん集めればお金持ちになれる。これが一次的な発想だとしたら、彼はもう少し先を読んだ。砂金集めには作業着が必要だ。ならば、頑丈なジーンズが売れるだろう。そこに思い至ったことがリーバイスの成功のカギであり、この話の中に半歩先を見る重要性が凝縮されているのである。

同様の連想方法でスコップやタライを売った人も儲かった。

このような例を踏まえた上で、**テーマ株の中心にいる企業だけでなく、その周りで儲かっている会社を探す視点が重要**なのである。

## ＩｏＴが普及したときを考えてみる

では、具体的に考えてみよう。

例えば、ＩｏＴ（Internet of Things）というキーワードがある。この分野はここ数年のテーマ株の1つで、関連銘柄の注目度も高まっている。

証券会社のウェブサイトなどで検索すると、ＩｏＴの関連株もたくさん見つかる。たくさんありすぎて困るほどだ。

重要なのは「誰が儲かるか」である。

ＩｏＴはあらゆるものにセンサーをつける。ストレートに連想すると、センサーを作る会社が思い浮かぶだろう。

では、連想を半歩進めるとどうなるか。

ＩｏＴはセンサー同士がデータをやりとりする仕組みであるから「通信業界が儲かるかもしれない」と考えることができる。

データを安全にやり取りするためにはセキュリティが重要になるし、大量のデータを蓄積するクラウドやデータセンターも必要になる。ならば、そのような事業を手がける企業も儲かる可能性がある。

また、そもそもＩｏＴは製造業の効率化を目的とするインダストリー4・0から生まれている。ということは、生産工程の効率化によって製造業が儲かる可能性は大きいだろうし、同じような変化がほかの業種で起きる可能性もある。

例えば、物流はどうか。

荷物にセンサーをつけて管理すれば、どこに、どの荷物があるかが把握できる。トラックの位置がわかれば運送ルートを効率化できる。

そんなイメージを膨らませていくと、物流の仕組みが変わり、運輸、運送関連が儲かるかもしれないという考えが浮かぶ。

ほかにも、建設、自動車、医療、農業など、さまざまな業界での応用例が考えられるだろう。

「自動車ならこんな使い方ができそうだ」「医療ならこんな風に活用できる」といった具体的なイメージが湧くかもしれない。

そのような連想を経てたどり着いた会社が、もしかしたらＩｏＴ業界のリーバイスになるかもしれない。

## ＩＴバブルを過去例にして考える

同様のことが、そのほかの新技術についてもいえるだろう。

ＡＩなら、人工知能の開発に直接的に関わる企業より、ＡＩでサービスが向上する企業のほうが利益を出しやすいかもしれない。

ＲＰＡも、ＲＰＡの技術やシステムを開発する会社も良いと思うが、それよりも、ＲＰＡで業務が効率化する分野を探ると、もっと良い投資先が見つかる可能性がある。

その点で参考になるのが２０００年前後のＩＴバブルだ。

このときは、いわゆるドットコム企業が買われたわけだが、全ての関連企業が儲かったわけではない。

ストレートに考えるなら「インターネットが普及するならＰＣが売れるはず」という連想が思い浮かぶ。実際、半導体やＰＣメーカーは儲かった。

しかし、バブルは一種の特需であるため、ある程度商品が売れると販売量が落ちる。

「インターネットを使いたい。そのためにＰＣを買おう」と考える人も一時的に増えるが、ＰＣは毎年買い換えるようなものではないため、需要が長続きしにくいのである。

結果、半導体関連企業の株価はＩＴバブルの崩壊から20年ほど低迷した。

ＩＴの進化やインターネットの普及といった変化を捉え、短期で売り抜くなら良い。しかし、少し時間軸を長めに見ると、特需で儲かる企業の株は高値づかみとなるリスクを孕んでいるのである。

一方、ソフトウェアや通信関連の企業は好況が続いた。

結果として、より大きな恩恵を受けたのは、ＰＣなどのメーカーではなく、ＩＴをサービスとして活用する企業だったということだ。

## 出版不況から何を読み取れるか

次に、実際の記事を見ながら連想してみよう。

## 【記事37】『青山ブックセンター六本木店閉店へ』（２０１８年５月８日）

これは六本木にあった大きな書店が閉店したという記事だ。背景として、青山ブックセンターが04年に破産申し立てを行い、７店舗閉店したことや、現在はブックオフコーポレーションが店舗を運営していることが書かれている。

この記事からストレートに連想できるのは、出版業界や書店運営が厳しいということだろう。活字離れによって、書籍や雑誌の売れ行きが低迷していることはよく知られているが、書店が厳しいのは、もしかしたらインターネットで本を買う人が増えたからかもしれない。

そう考えると、ネット通販は投資先候補になるだろうし、通販で買った商品は宅配業者が運ぶわけだから運送業の景況も気になってくる。

もう半歩先を連想すると、紙媒体から電子書籍に移行しているのではないかと考えられる。その視点でマーケットデータを見てみると、本などの紙媒体が１兆３７００億円、電子書籍が現状２２００億円くらいの規模だ。

すると、本のマーケットがさらに減り、そのうちの半分くらいが電子書籍に移るとして

【記事37▷POINT】①「青山ブックセンター」の六本木店が６月25日の営業を最後に閉店。②今回の閉店で青山ブックセンターの店舗は本店の１店舗のみになる。③青山ブックセンターは2004年、債権者の破産申し立てで全７店舗（当時）を閉店。現在は新古書店などを展開する「ブックオフコーポレーション」が運営している。

も、電子書籍マーケットはまだ伸びしろがあるように見えてくる。

## キーワードを頭に入れて情報収集を広げる

そこまで見えれば、あとは関連銘柄を探すのも簡単だろう。

電子書籍をキーワードとして頭に入れつつ、日々の記事を読んでいっても良いし、『四季報』で関連銘柄を探すこともできるだろう。

『四季報』を見ると、メディアドゥホールディングスの欄に「電子書籍の取次が柱」という情報が載っている。取次とは卸業のことで、ここは同業他社の買収を通じて売り上げが大きく増え、卸のシェアも8割くらいまで伸びている会社だ。

仮に電子書籍のマーケットが伸びていくとしたら、その中で販売される書籍は卸を通る。そう考えると、連想の2つ目のポイントである「誰が儲かるか」の答えもおのずと見えてくるのである。

電子書籍をキーワードに見ていくと、おそらく

## 【記事38】『海賊版サイト遮断波紋』（２０１８年４月25日）

という記事も目に留まりやすくなるだろう。

これは著作権関連の記事で、ＮＴＴグループが漫画やアニメを無断掲載する海賊版サイトに接続できなくするという内容のものだ。

電子書籍はデータであるため、書籍や雑誌などの流通と比べてコスト負担が軽い。これは生産・販売する会社にとってメリットである。

ただ、データであるということはコピーができる。このデメリットが大きく、利益を減らす要因にもなる。どれだけコンテンツがあっても、海賊版をどうにかしない限り、電子書籍の生産や販売はビジネスモデルそのものが成り立たなくなるのだ。

前述したメディアドゥも、海賊版が出回っていたことが原因で業績が不安視され、株価が下がっていた。

しかし、この記事がきっかけとなり海賊版に対する不安が軽減された。低迷していたメ

【記事38▷POINT】①NTTグループは、漫画やアニメを作者に無断で掲載する「海賊版サイト」に対し、接続の遮断を実施すると発表した。②検閲につながる恐れがあるとし、ネットの業界団体や法学者から反対意見も相次ぐ。③NTTグループは「法制度が整備されるまでの短期的な緊急措置として、準備が整い次第遮断を実施する」としている。

ディアドゥホールディングスの株価もこれを機に上がっている。

電子書籍に限らず、成長過程にあるマーケットではこのような変化がよく起きる。変化を捉えるという点から見ると、NTTという業界最大手が対策に乗り出したのは大きな変化だったといえるだろう。

## 連想③未来の世の中を妄想する

連想する際の3つ目のポイントは**「世の中がどう変わるか」を連想してみる**ことだ。

株価は、企業の業績によって変動するが、その根底にあるのはマーケットの変化だ。さらにその下には社会の変化がある。

社会が変わることによって、マーケットが生まれたり消えたりする。その影響を受けて業績が変わり、株価も変わるという流れだ。

そのため、**目先の業績を見て株を買うよりも、マーケットそのものが成長していたり、**

**マーケットが社会に必要とされていたりするときの方が株価は大きく伸びやすくなる**。

「社会はきっとこんな風に変わるだろう」というイメージが湧けば、そこからマーケットを絞り、銘柄を選んでいくことができるということだ。

前述したＩｏＴやＡＩなどはまさにその例といえる。

仕事が効率化され、働き方が変わる。働き方が変わることで人々の生活も変わる。つまり、世の中に変化をもたらすテーマなのだ。

では、具体的にどう変わるのだろうか。

日常生活では、例えば、冷蔵庫にセンサーがつくことにより、牛乳がなくなったことを知らせてくれたり、自動で注文したりするかもしれない。そう考えると、家電業界は投資先候補の１つになるだろう。

また、あらゆるものにセンサーがつけば、どこにあるかがすぐにわかるようになる。結果、忘れ物やなくし物が減る。盗まれる物も減るだろうし、ペットや子どもの居場所を把握する手段にもなるし、１人暮らしの老人の見守りにも応用できる。

そんな風に考えていくと、育児、教育、介護業界なども投資先候補になるかもしれない。

そこまでいくと、もはや連想というよりは妄想に近いかもしれないが、私は妄想力が重要だと思う。

株価の話に限らず、未来を言い当てられる人はいない。

かといって、未来のことはどうせわからないと割り切ってしまうと、そこから先の思考も広がらなくなってしまう。だからこそ妄想である。

当たるかどうか、その通りになるかどうかはいったん脇におき、**「こんな未来がくるかもしれない」「こんな世の中になったら面白い」といった発想でイメージを膨らませていくことが大事**なのだ。

## おひとりさまは何にお金を使うのか

世の中の変化を連想する記事としては、

【記事39】**『1人カラオケにシダックス泣く　単価下落響き事業売却』**（2018年6月1日）

【記事39▷POINT】①シダックスが「カラオケ館」のブランドでカラオケボックスを展開するB&Vに事業を売却すると発表。②ボックスを1人で利用する「ひとりカラオケ」などが増え、客単価が下落したことが業績に影響している。③カラオケ5強の一角コシダカHDはフィットネスジムを展開する米カーブスインターナショナルを買収するなど、カラオケ以外の事業の強化に乗り出している。

も連想を生みやすいものといえるだろう。

この記事は、ひとりカラオケが増えたことによって客単価が下落し、業績が悪化したシダックスが事業を売却したという内容のものだ。

カラオケというと、仲間と一緒にワイワイ楽しむものというイメージがあるかもしれない。しかし、現状は遊びを含むあらゆる活動の単位が仲間から1人に変わってきている。

その結果が「シダックス泣く」だ。

そう考えると、おひとりさまが入りやすいラーメン店（一蘭）や気軽に立ち食いできるステーキ店（いきなり！　ステーキ）などが流行るのも納得がいく。

「1人でも行きやすい店はどこか」「1人で行きやすくなった遊びは何か」と考えていくことで、次に儲かりそうな商売も見えてきやすくなるのだ。

ちなみにこの記事はマーケットデータとしても重要で、カラオケボックスの市場規模が3920億円で前年比で2％減少したと書かれている。

変化を伝える記事としても価値がある。

カラオケマーケットのシェアはシダックスを含む5強であり、そのうちの1つであるコシダカＨＤが、フィットネスクラブの「カーブス」を買収し、カラオケ以外の事業に力を入れていることも書かれている。

気になる記事を見つけた際には、このような情報もしっかりと収集しておきたい。

どんな記事を、どんな視点で見るにせよ、変化をつかみ、マーケットを把握し、方向性を見るのがマジ読みの基本だ。

## シェアで浮いたお金の行き先を考える

テーマで見ていくと、シェアリングエコノミーの普及も世の中の変化だ。

では、ここからはどんな世の中が連想できるだろうか。

単純に考えると、シェアリングは「所有」から「利用」への変化を表すものであり、モノの生産量は低下する。製造業にとってはマイナスの変化であり、製造業が儲からなくなれば、ほかの産業の景気にも影響する。

一方、シェアリングの普及で儲かる業種もある。

民泊やカーシェア関連がその一例といえるが、シェアリングのシステム構築と関わるような業種も儲かる可能性が高いのではないか。

シェアリングのように成長過程にあるマーケットには先発優位のところがある。また、黎明期には多数の業者が参入するが、最終的には勝者総取りになっていくケースも多い。

インターネットが普及し始めたときも、いろいろな検索エンジンが作られたが、結局ヤフーとグーグルになった。

**どこがメインとなるインフラを作るか、という視点で見ることも連想していく際の1つの鍵になる**のではないかと思う。

シェアリングについてもう1つ重要なのは、製造分野の景気にはマイナスの影響が出るとしても、世の中全体の傾向としてシェアリングを求めている人が多いということだ。

世の中の変化はなんとなく起きるものではない。世の中の人たちが望むから変化する。シェアリングが流行る背景にも、シェアをする人たちが魅力的だと感じる何かがあるはずなのだ。

例えば、シェアをすればお金がセーブできる。これは大きな魅力だろう。

では、セーブしたお金はどこに向かうのか。

旅行かもしれないし、ゲームかもしれない。

そのように考えていくと、消費量が伸びている業種や、マーケットが成長しているセクターが投資先候補に浮かぶかもしれない。

## 暗い記事の中に明るいところを探す

国内経済の話に限ると、世の中の変化を伝える記事として、少子化、超高齢化といった言葉を目にする機会が多いかもしれない。

シダックスの記事やシェアリングの話もこのタイプの記事に近く、ほかにも、人口減少、若者がお金を使わない、年金不安、介護者がいないといった暗い話が出てくる。そういった記事を読んでいくと、なんだか景気の先行きが悪いように感じてくる。

しかし、悪い面ばかりではない。

例えば、人口減少は、一般的に考えれば生産力や消費力の低下につながる要因だが、実際の生活で考えてみるとどうだろうか。

人が減れば満員電車も減る。これは多くのサラリーマンにとって嬉しいことだ。行楽地も空くだろうし、渋滞も減るだろうし、自分が住む家も大きくなるかもしれない。これも喜ばしいことだろう。

そんな発想で**「良いところはなんだろう」と考えてみるのも変化を連想する際のちょっとしたコツ**だと私は思う。

世の中の変化を連想する目的は、変化を悲観することではない。変化の中で次に生まれそうなビジネスや商機を見つけ出すことだ。

例えば、高齢化を考えてみる。

街中のファミリーレストランなどに行ってみると、昼から「ちょい飲み」ができるサービスをやっている。会社員時代は「こんな時間に誰が飲むのだろう」と思っていたのだが、独立してから見に行ってみたら、シニア層が多いことがわかった。私も今は昼から飲めるので、実際に飲んでみて、昼から飲むお酒がとてもうまいこともわかった。これは、高齢化が進む前の社会にはなかった需要だ。

世の中が変われば需要も変わる。

高齢化は社会の大きな課題であるが、ある部分では経済活動の活性化に貢献しているのだ。

また、高齢化が進むと生産力が落ちる。

しかし、働き手が減っていくのだとしたら、その分を機械で補うことができるかもしれない。働き手の体力が落ちても、機械ならその部分をカバーできる。ＡＲやＶＲがあれば遠隔操作で仕事をすることもできるだろう。

つまり、生産性の低下という多くの人が悲観する変化が、新たな技術の普及に貢献するケースもあるということだ。

# 連想を通じて情報収集のアンテナを高くする

連想する力や妄想力が高まっていくと、前章までで触れたマジ読みのスキルもさらに生きてくるだろう。

スキルとはつまり、変化をつかみ、マーケットを把握し、景気の方向性を見ることである。

例えば「自動車とＩｏＴの組み合わせが面白そうだ」という意識があれば、８つの漢字で記事をピックアップしていく際も、自動車関連の記事に敏感になるだろう。

物流、建設、自動車といった恩恵がありそうな業種が浮かべば、マーケットデータを見ながら、儲かったときのインパクトを考えることができる。

景気動向を見る際も「物流はどうか」「建設は好況か」といった視点で考えることができるようになる。

人の注意力というのは面白いもので、何か気になることがあるときは関連情報が目に入ってきやすくなる。

逆に、特に気になることがないと、重要な情報を素通りしてしまう。

例えば、普段は街ゆく車をまったく見ていない人でも「車を買い替えようかな」と考えているときは自然と目が向くようになる。

「あの車、なんだろう」「あんな車も良さそうだ」などと考えるようになる。意識することによって情報が入ってきやすくなるのだ。

**記事も同じで、気になっていることがあると見え方が変わる**。

ＩｏＴや自動車といったキーワードが頭の中にあると、関連記事を見逃す可能性が低くなる。

そういったキーワードを増やしていくためにも連想や妄想が大事だ。

イメージが広がっていくほど「あの業界も関係しそうだ」「この業界も関連するかもしれない」といった発想になり、キーワードも増えていくからである。

## カジノの印象が変わった

連想について最後に1つ付け加えておくと、連想や妄想を広げていくときは、なるべくフラットな視点で、自然体で考えるのが良いと思う。

例えば、高齢化はネガティブな変化に感じるかもしれないが、良い点もあるかもしれないと考え、フラットな意識で見る。

満員電車が減るのは嬉しい、昼間から飲むビールは美味しいと感じるのも、自然体で記事を読むからこそだと思う。

私個人も、以前は2018年7月に成立したカジノ法案（統合型リゾート（IR）実施法案）にネガティブな印象を持っていたが、いろいろと連想していく中で見方が変わった。

きっかけは、私の事業のパートナーであるエミン・ユルマズだ。彼は、投資家であり、ポーカーのプロでもある。彼はプロとしてマカオやマニラのカジノへ行っている。

その彼が「日本のカジノにはものすごい可能性がある」と言うのだ。

私はそれまで、今来ているような訪日外国人がカジノのメインのターゲットなのだと思っていた。

カジノは世界各国にある。わざわざ日本で行く必要もないだろうから、作ったとしてもたいした集客は見込めないと思っていた。

しかし、彼が言うには、そうではない。

世界には、日本とまったく接点がない人たちがいる。日本に来たことがなく、日本に特に興味も持っていないような人たちだ。そういう人たちが、世界のカジノで遊んでいるというのだ。

彼らがどういう人たちかというと、ギャンブラーというよりはセレブな人たちで、お金を持っている。家族でカジノのある都市に旅行し、夫はカジノで遊び、家族は観光する。そんな遊び方をしているのだそうだ。

ただ、妻と子どもがすぐ暇になる。最初は買い物でもしようと思うのだが、ショッピングモールを見る程度だから1日もすれば終わってしまう。結果、「飽きた」「つまらない」「もう帰ろう」ということになり、カジノでもっと遊びたい夫が不満を感じるわけだ。

ところが、日本はどうか。

観光スポットはたくさんある。治安が良いから妻と子どもだけでも出かけられるし、飲食店も多い。しかも衛生的だ。都市部から地方へ少し足を伸ばせば、自然があり文化がある。そうなると、妻や子どもが「もっと遊んでいたい」となる。リピートするようになる。

エミンが言うには、日本のカジノは既存のカジノとまったく違うものだ。

「彼らは病みつきになる。一度日本でカジノを楽しんだら、もうマカオとかマニラには行かないだろう」

そんな彼の連想というか妄想を聞いて、私はカジノを見る目が変わった。

カジノというと、治安が悪化する、依存症が増えるといった文脈で語られることが多いが、そういう目線だけで見てはいけないと思った。

外国人から見て、カジノが日本を訪れる理由やきっかけの1つになる。カジノがインバウンド事業の1つになる。そう考えるほうがとても自然だと感じたのだ。

おわりに

# バイアスを取り払って自然体で読む

ここまで日経新聞を投資にいかに活かすかという視点でさまざまな読み方のポイントを語ってきたが、大事なのは**自然体で読む、自然体で連想すること**である。

私たちは日々、いろいろな情報を浴びている。そのせいでモノの見方や考え方にバイアスがかかっていることもある。

私がカジノにネガティブな印象を持っていたのもその典型だ。バイアス、偏見、先入観、固定観念など、我々の思考は知らないうちに歪み、パターン化されている。

その状態から抜け出すことが大事で、そのために自然体を意識する必要があるのだ。

本書の最後に自然体で読むための例を1つ挙げよう。

## 【記事40】『民話の原石拾う　消える伝承に危機感』（2017年10月1日）

これは日経新聞には珍しいタイプの記事で、マタギが経験した山の不思議な話を集めた『山怪　山人が語る不思議な話』（山と渓谷社）という本が売れたという話である。

本の内容は、例えば、狐に化かされた、夜光が見えたとか、山が光ったといった超常現象だ。いわゆるオカルトの類で、そのような話をマタギたちに聞いている。

「どうせ見間違いだろう」

そう思って読むと、この記事は何も響かない。

人は、自分が知らないこと、嫌いなこと、わからないことなどを避けたがる。そのような意識が働き、無意識のうちに目や耳に入って来る一部の情報を遮断する。

しかし、先入観を捨てると「世の中には不思議なことがあるものだ」と素直に読める。

**この「素直に読める」という感覚が、自然体で連想していく際にとても重要なのだ。**

これに似た話で、東日本大震災の後、鎮魂のためにお坊さんや牧師など各宗派の人が集まり、祈りを捧げたという話があった。その際、大津波が起きた海岸線に人が列をなして

【記事40▷POINT】①山での不思議な体験を集めた書籍『山怪』が続編と合わせて14万部を超えるベストセラーに。②取材対象の多くが高齢者。慎重に聞き出し、最終的に本に掲載できたのは3割程度だという。③山里の都市化が進み、山が人間の生活の場ではなくなりつつあるため、山怪も絶滅の危機に瀕している。

歩いているのが見えたのだという。柳田国男の『遠野物語』でも似たような話が紹介されている。

要するに、幽霊だ。

「幽霊なんていない」

そう思う人もいる。でも、一方には「見えた」と言っている人がいる。

ならば「いない」と思っていたとしても「いるかもね」と考えるのがフラットな姿勢ではないか。

投資に絶対がないように世の中のあらゆる出来事も「絶対ない」とは言い切れないと私は思う。

絶対がないからこそ、普通に考えればあり得ないような大暴落が起きたり、誰も思いつかなかった新たな市場が生まれたりする。

**大事なのは連想や妄想の壁を作らないことだ**。そのために、自然体で記事を読むことが重要で、自然体で読む人ほど柔軟な連想ができるのだ。この視点を忘れずに、ぜひ実践してみてほしい。

最後に本書のもととなった「日経ワークショップ」のプログラムを考え、私のマジ読みを見える化するサポートをしてくれた複眼経済塾とグループ会社のメンバー。複眼経済塾を盛り上げてくれている塾生のみなさん。総合法令出版編集部の尾澤佑紀さん。そして日経読み合わせを教えてくれた竜沢俊彦さんに心から感謝を表したい。

渡部清二

◆著者紹介◆

**渡部清二（わたなべ・せいじ）**

複眼経済塾 代表取締役塾長
1967年生まれ。1990年筑波大学第三学群基礎工学類変換工学卒業後、野村證券入社。個人投資家向け資産コンサルティングに10年、機関投資家向け日本株セールスに12年携わる。野村證券在籍時より、『会社四季報』を1ページ目から最後のページまで読む「四季報読破」を開始。20年以上継続中で、80冊以上を読破。同時に『日経新聞』を読み込み、ポイントを話し合う「日経新聞・読み合わせ会議」を主宰。独自の読み方と記事の切り抜きを20年以上継続中。2013年野村證券退社。2014年四季リサーチ株式会社設立、代表取締役就任。2016年複眼経済観測所設立、2018年複眼経済塾に社名変更。2017年3月には、一般社団法人ヒューマノミクス実行委員会代表理事に就任。テレビ・ラジオなどの投資番組に出演多数。「会社四季報オンライン」でコラム「四季報読破邁進中」を連載。『インベスターZ』の作者、三田紀房氏の公式サイトでは「世界一『四季報』を愛する男」と紹介された。著書に『会社四季報の達人が教える10倍株・100倍株の探し方』（東洋経済新報社）がある。

〈所属団体・資格〉
公益社団法人日本証券アナリスト協会検定会員
日本ファイナンシャル・プランナーズ協会認定AFP
国際テクニカルアナリスト連盟認定テクニカルアナリスト
神社検定2級

# 日経新聞マジ読み投資術

2018年12月19日　初版発行

著　者　渡部清二
発行者　野村直克
発行所　総合法令出版株式会社
〒103-0001 東京都中央区日本橋小伝馬町 15-18
ユニゾ小伝馬町ビル9階
電話　03-5623-5121
印刷・製本　中央精版印刷株式会社


ISBN 978-4-86280-653-6
総合法令出版ホームページ　http://www.horei.com/